Kurt Walchensteiner

Die Kathedrale von Chartres und

der Schlüssel des Leonardo da Vinci

AF236073

Informationen über die Arbeit von Kurt
Walchensteiner finden Sie unter:

www.innereslicht.info

Kurt Walchensteiner

Die Kathedrale von Chartres und der Schlüssel des Leonardo da Vinci

Auflage 1:   2006 Neue Erde Verlag, Saarbrücken, mit dem Titel „Die Kathedrale von Chartres – ein Tempel der Einweihung"

Auflage 2:   2020 überarbeitete und korrigierte Neuauflage, Kurt Walchensteiner, mit dem Titel „Die Kathedrale von Chartres und der Schlüssel des Leonardo da Vinci

Bibliografische Information der Deutschen Nationalbibliothek:
Die Deutsche Nationalbibliothek verzeichnet diese Publikation in der Deutschen Nationalbibliografie; detaillierte bibliografische Daten sind im Internet über http://dnb.dnb.de abrufbar.

Lektorat: Cathrin Nielsen
Grafiken: Ramin Boueshaghi

Herstellung und Verlag: BoD – Books on Demand, Norderstedt

ISBN: 978-3-7519-3612-5

INHALT

DAS GEHEIMNIS

Die große Kathedrale von Chartres hat seit ihrer Erbauung im 13. Jahrhundert nichts von ihrem Magnetismus verloren. Jedes Jahr besuchen Tausende von Menschen diesen heiligen Ort. Als ich vor mehreren Jahren das erste Mal durch das Westportal in die Kathedrale ging, ahnte ich nicht, dass sich mit dem Eintritt in diesen Tempel mein ganzes Leben ändern würde. An der Seite einer lieben Freundin war dieser Besuch für mich wie der Beginn einer neuen Zeit.

Der Weg, der mich damals durch die Kathedrale führte, war der erste Schritt eines langen spirituellen Weges, den ich in Begleitung dieses Tempels auf dem Hügel der alten Meister Europas gehen durfte. Die geistigen Kräfte und Mächte der Kathedrale und dieses heiligen Ortes haben mich tief berührt.

Ich begann zu forschen, welche Geheimnisse dieser Tempel in sich birgt, habe nachgerechnet und Bestätigung für viele mathematische und geometrische Besonderheiten gefunden, die wir aus Büchern kennen.

Die Maßeinheiten stehen in Beziehung zur Erde, zur Sonne, zum Mond und zu den Sternen. Ebenso wie musikalische Gesetzmäßigkeiten ihren Ausdruck in der Architektur finden, stehen auch alle Formen und Flächen in mathematischen Verhältnissen zueinander, die sich wiederum auf astronomische Werte beziehen. Viele geometrische Figuren und Symbole – wie der Siebenstern oder das Pentagramm – sind eingewoben in dieses meisterhafte Spiel der Architektur. Die leuchtenden Farben der Fenstergläser lassen einen das Wort „Strahlen" neu definieren und man staunt, dass es bis heute nicht gelungen ist, das Geheimnis der Herstellung dieser Gläser zu lüften.

Die Antworten, die man in der Architektur findet, sind erstaunlich und lassen ahnen, dass unsere Form der Zivilisation und unsere Beschäftigung mit den Wissenschaften vielleicht doch etliche Dinge, die für die Weiterentwicklung der Menschheit von größtem Wert sind, vergessen haben.

Spätestens wenn man erfährt, dass in der Kathedrale auch die Zeit – objektiv messbar durch Uhren – anders tickt, beginnt man zu ahnen, dass durch die Arbeit mit den geometrischen Besonderheiten nur einer von vielen Aspekten dieses Tempels hervortritt.

Je länger ich mich mit der Kathedrale beschäftigte, desto öfter stellten sich mir folgende Fragen: „Welche Absicht steckt hinter dieser Architektur? Warum haben die Baumeister sie überhaupt umgesetzt? Ging es nur darum, einen besonderen Ort zu errichten, der sich selbst genügt, oder steckt vielleicht ein Geheimnis dahinter, das größer ist, als die meisten Menschen ahnen?"

Zusammengefasst lautet die wichtigste Frage ganz einfach: „Warum wurde die Kathedrale von Chartres gebaut?!" Um diese Frage, soweit es mir möglich ist, zu beantworten, schreibe ich dieses Buch.

Was unterscheidet einen Ort von einem anderen, wenn man von einem Kraftort spricht? Ist die Kraft, die man dort erhält, rein quantitativer Natur oder trägt dieser Ort besondere Qualitäten in sich?

Ein „Kraftort" wäre immer ein Ort, an dem ein „Mehr" an Kraft zu Verfügung steht. Man ist schwach, fühlt sich müde und gewinnt an einem dieser „Kraftorte" mehr Energie. Dies trifft häufig zu – aber durch diesen Namen, der eine ganz bestimmte Definition impliziert, vergisst man andere, wichtigere Aspekte.

Man denke nur an die einem kleinen Stein innewohnende Kraft! Seit der Kernspaltung wissen wir, wie viel Energie in der Materie verborgen ist. Wäre in diesem Stein nicht schon mehr als genug „Kraft" gespeichert?

Es geht bei allen sogenannten „Kraftorten" nicht nur um eine richtungslose Kraft, also um die Quantität an Energie, sondern immer zugleich um die Ausrichtung der Kraft. Jeder Kraftort ist damit auch ein Ort mit einer definierbaren Kraft, die sich von Platz zu Platz unterscheidet.

Diese Plätze sind nicht seelenlose Orte mit erhöhter feinstofflicher Energie, sondern oft Durchgangspforten für Elementewesen, Devas, Naturwesen oder Engel. Dort wirken geistige Wesenheiten auf den Menschen. Auf den Plätzen der großen Meisterinnen und Meister der Vergangenheit haben wir die Möglichkeit, mit den Weisheiten der alten Kulturen in Verbindung zu treten.

Den wichtigsten Schlüssel, um zu diesen hohen Kräften Zugang zu erhalten, tragen wir in uns selbst. Je größer unsere Wertschätzung, unser Respekt, unsere Liebe und unsere Klarheit sind, desto mehr öffnen sich diese großen Orte und lassen uns an ihren Geheimnissen teilhaben.

So trägt auch der Hügel von Chartres ganz besondere Kräfte in sich, durch welche er zu einem der heiligsten Plätze auf der Erde wird.

Bevor vor etwa 2000 Jahren das Fischezeitalter begonnen hat, trug der höchste Gott der Gallier den Namen Belen. Belen ist mit dem altfranzösischen Wort *bélin* verwandt und bedeutet unter anderem Widder. So wie der Fisch das Symbol der letzten 2000 Jahre war, begann vor etwa 4000 Jahre das Widderzeitalter und vor etwa 6000 Jahre das Zeitalter des Stier. Ungefähr alle 2000 Jahre steht die Erde neu unter dem Einfluss eines der zwölf Tierkreiszeichen. Dies hängt damit zusammen, dass sich die Erdachse kreiselnd bewegt. Folgende Legende aus dem Widderzeitalter kennen wir aus den Überlieferungen:

Der höchste Gott der Gallier, Belen, hatte eine Gefährtin, eine Göttin namens Belisama. Sie empfing durch ihn jungfräulich einen Sohn. Sein Name war Gargantua, was übersetzt „Der vom Riesenstein" bedeutet. Mit seinem Pferd Beliard ritt Gargantua auf seinem Feuerwagen gleich dem Sonnengott Apollo von Osten nach Westen. Er machte die Felder urbar und legte die Sümpfe trocken. Eine wichtige Aufgabe Gargantuas war es auch, Menhire oder Riesensteine herbeizutragen und aufzustellen.

Unter diesen besonderen Steinen war einer, der heiliger war als alle anderen. Um diesen einen Stein zu hüten, beauftragte Gargantua ein ganzes Volk. Dieses Volk nannte man die Carnuten, was übersetzt soviel bedeutet wie „Hüter des Steins". Deshalb war das Land der Carnuten den Kelten der heiligste Ort. Jedes Jahr trafen sich dort die Druiden und Barden, die Priester und Gelehrten der Kelten, zu ihren großen Versammlungen. Es war der Ort des „Heiligen Steins".

Was verbirgt sich hinter dieser Legende und vor allem, was hat sie mit Chartres zu tun?

Etymologisch stammt das Wort Carnuten von Carnut-Is und lässt sich bis in die Gegenwart verfolgen. Heute trägt der Ort, an dem früher der Heilige Hain der Carnuten war, den Namen Chartres. Der Wald der Carnuten befand sich genau auf dem Hügel von Chartres – und damit gehörte dieser Ort schon vor 4000 Jahren zu den wichtigsten Plätzen Europas.

Um zu verstehen, welche Qualität der heilige Stein der Carnuten in sich trägt, ist es wichtig zu wissen, dass das Land rund um Chartres, welches heute den Namen Beauce trägt, im Widderzeitalter der Göttin Belisama und damit der Gefährtin von Belen geweiht war.

Für unser Verständnis übersetzt, erzählt die Legende, dass sich der höchste Gott (Belen) mit der Göttin (Belisama) auf ihrem Land (Beauce) vereinigt hat. Dies bedeutete die Segnung und Heiligung des Landes Beauce, da dort die mystische Hochzeit stattfand.

Im Zentrum dieses damals heiligen Landes Beauce liegt der Stein der Carnuten, nämlich genau unter der Kathedrale, eingegraben im Hügel von Chartres. Über diesen Stein glaubten die Kelten, in direkte Verbindung mit Gargantua, dem Sohn Belens, gelangen zu können. Zu alten Zeiten durften sich nur Schüler, die für würdig befunden wurden, diesem Stein nähern.

Nun wird verständlich, weshalb ein ganzes Volk die Aufgabe übertragen bekam, den Stein von Gargantua zu hüten. Es war der Stein des Sohnes des Gottes und der Göttin.

Im Mittelalter nun haben die Baumeister genau diesen heiligsten Platz der Kelten ausgewählt, um eine ganz besondere Kathedrale zu errichten. Die Stadt Chartres war damals sehr klein und nichts rechtfertigte, zumindest oberflächlich betrachtet, den Bau einer derart großen Kirche an diesem Platz.

Einige Zeit vor Baubeginn, im Jahre 1118, reisten neun Ritter – ein zehnter kam später dazu – nach Jerusalem. Offiziell im Auftrag, Pilger zu beschützen, kam es damals unter dem salomonischen Tempel von Jerusalem von 1118 bis 1128 zu umfangreichen Grabungsarbeiten. Wegen ihres Aufenthalts auf dem Gelände des Tempels von Jerusalem erhielten diese adeligen Männer den Namen „Tempelritter", und mit Hugo von Payns begann die Geschichte dieser von Legenden umwobenen Gruppe. Der Orden der Tempelritter nahm 1314 mit dem Tod des damaligen Großmeisters Jaques de Molay auf dem Scheiterhaufen sein plötzliches Ende.

Was haben diese Ritter damals unter dem Tempel von Jerusalem gesucht, oder besser gesagt, was haben sie gefunden?

Schon aufgrund ihrer adeligen Herkunft ist es eher unwahrscheinlich, dass sie ihre Zeit damit verbrachten, Pilger zu beschützen. Es war auch nicht üblich, dass jeder Ritter, der nach Jerusalem kam, sofort die volle Unterstützung vonseiten der Politik und der Kirche erhielt. Folgendes fällt jedem, der sich genauer mit dieser Zeit befasst, spontan auf:

Kurz nach der Rückkehr der Ritter nach Frankreich wurde wie aus dem Nichts die Gotik als neuer Baustil geschaffen. Nie in der uns bekannten Geschichte Europas, weder vorher noch nachher, entstand eine neue Architektur in dieser Form. Es gab keine Übergangszeit von der romanischen Architektur zur Gotik, und Historiker haben bis heute keine einleuchtende Erklärung gefunden, warum sich dies so verhält.

Ein weiteres Mysterium ist die umfangreiche Bautätigkeit während der Zeit der Templer. Wie wurden diese Kirchen und Kathedralen finanziert? Gemessen an der damaligen Einwohnerzahl von Frankreich – etwa 15 Millionen – war eine Bezahlung über die Steuer unmöglich, und es ist auch nicht nachvollziehbar, warum das Königshaus, das häufig selbst mehr Schulden als Geld hatte, oder die damals reichen Abteien plötzlich den Bau so vieler Kathedralen finanziert haben sollten. Manche Abteien werden als Stifter von Glasfenstern erwähnt. Damit wird zugleich deutlich, dass sie nicht die Kathedralen finanziert haben können.

Innerhalb von 100 Jahren wurden 150 Kirchenbauten begonnen, oft im Ausmaß großer Kathedralen wie etwa der Kölner Dom.

Rätselhaft ist auch das Vorhandensein von so vielen Handwerkern, Bildhauern und Künstlern innerhalb kürzester Zeit. Jedes Bauwerk verlangt über lange Zeiträume hinweg die völlige Aufmerksamkeit von vielen hervorragend ausgebildeten Fachleuten.

Neben den vielen Besonderheiten der gotischen Bauwerke hebt sich die Kathedrale von Chartres von allen anderen Kathedralen durch weitere Umstände ab und nimmt eine Sonderstellung ein. Allein über die architektonischen Rätsel der Kathedrale wurden zahlreiche Bücher geschrieben.

Es gibt auch kein Grab eines Bischofs oder eines anderen kirchlichen Würdenträgers, was sehr ungewöhnlich ist. Um diese Kathedrale rankt sich eine Legende der Unberührbarkeit. Geschichten berichten von feindlichen Angriffen, die auf wundersame Weise abgewehrt wurden. Nur eine einzige Kathedrale wurde, nachdem sie durch einen großen Brand zerstört worden war, ohne Unterbrechung wieder aufgebaut – die Kathedrale von Chartres.

Der Ort, an dem die Kathedrale steht, die Bauzeit, die Finanzierung, die Architektur und viele Besonderheiten mehr können nur den Schluss zulassen, dass die Baumeister diesen Tempel zu einem ganz bestimmten Zweck errichtet haben.

Die Tempelritter haben das Geheimnis dafür, einen solchen Tempel zu bauen, in einer ganz besonderen Form in Jerusalem gesucht und auch gefunden. Persönlich glaube ich, dass unter dem Tempel von Jerusalem ganz bestimmte Schriften verborgen waren.

Die große Frage lautet, was diese Schriften wohl enthielten. Es war dort natürlich keine Anleitung für den Bau einer gotischen Kathedrale zu finden. Vielmehr wurden den Templern geheime Gesetz offenbart, welche den Menschen einen Weg eröffneten, selbst zum Tempel Gottes zu werden! In diesen Schriften standen Anleitungen zur seelischen und geistigen Entwicklung.

Wie soll man eine Kathedrale bauen, die feinstofflich auf den Menschen wirkt, wenn man nicht selbst einen spirituellen Weg gegangen ist und eine hohe Meisterschaft erlangt hat?

Die Templer haben nicht zehn Jahre ununterbrochen gegraben und sind, nachdem sie die Schriften gefunden haben, wieder heimgekehrt, wie es manchmal dargestellt wird. Diese neun plus eins Jahre waren in erster Linie Lehrjahre und nicht Grabungsjahre. Das geheime Gesetz ist in die Herzen der Menschen eingeschrieben, dort muss man „graben". Nach meiner Ansicht fanden sich auf den gefundenen Dokumenten Anleitungen dafür, wie man die Seele und den Geist schult.

Die zehn Ritter mussten zehn Jahre lang ein intensives Studium auf einem der heiligsten Plätze der Welt absolvieren, um die Stufe zu erreichen, die sie dazu befähigte, einen gotischen Tempel zu bauen. Erst durch dieses Studium wurde ihnen das möglich.

Bei einigen keineswegs unbekannten großen Baumeistern und Adepten der Gotik handelt es sich um die Templer, die sich in Jerusalem aufgehalten haben. Die wenigen Namen, die wir von ihnen kennen, lauten Hugo von Payns, Gottfried von Saint-Omer, Andreas von Montbard, Payen von Mondidier und Archambaud von Saint-Amand.

Es reichte, wenn einer dieser zehn Ritter den Weg bis zur Stufe eines Adepten im Sinne der damaligen Zeit beendet hatte. Dadurch wurde es den anderen möglich, diesen Weg in Europa fortzuführen. Der Orden der Templer war daher in erster Linie eine Schule der Vervollkommnung von Körper, Geist und Seele und die ersten Lehrer waren diese zehn Ritter.

Die große Frage, welche sich diese Meister gestellt haben, war, wie sie den Menschen zukünftiger Generationen eine Möglichkeit eröffnen konnten, selbst diesen Weg zu gehen. Die Form, die sie dafür fanden, ist ganz einfach die, dass sie ein Gebäude errichtet haben, in welches die Gesetze eingeschrieben sind. Damit folgten sie einer weltweiten Tradition, die von Ägypten bis China, von Japan bis Mittelamerika üblich war. Durch dieses Haus werden in jedem Menschen selbst, je nachdem, wie weit er schon ist, die Qualitäten wachgerufen, die für den weiteren Weg der Wahrheitssuche notwendig sind.

Dieses besondere Gebäude ist die große Kathedrale von Chartres. Hier findet jeder Mensch, der sich gerufen fühlt, die Möglichkeit, selbst diesen Weg zu gehen.

Die verborgene Botschaft der Kathedrale ist somit sehr einfach und doch für viele Menschen unvorstellbar:

Gehe selbst den Weg, wie ihn schon Jesus oder Buddha gegangen sind!

Der Tempel wurde gebaut, damit sich die Menschen vom Kreuz des Leidens abnehmen und selbst schrittweise als göttlich erkennen lernen.

In jedem Menschen muss das göttliche Kind geboren werden, damit es wachsen und gedeihen kann. Die Lebensgeschichte des großen Meisters der Liebe und Weisheit, Jesus, erzählt von der Geburt und dem Werden des göttlichen Kindes in uns und von der Entwicklung zur höchsten Meisterschaft.

Alle geometrischen und mathematischen Besonderheiten dienen allein dem Zweck, in uns jene hohen Qualitäten zu wecken, die das Geschehen der zweiten Geburt vorbereiten können. So wie den Kelten der Hain der Carnuten der heiligste Platz war, gehört die Kathedrale auf diesem Hügel für Menschen, die sie erkennen, zu den heiligsten Plätzen des Abendlandes.

Aus diesem Grund also wurde die große Kathedrale auf diesem besonderen Hügel in Chartres gebaut. Der Tempel war eine Fortführung der alten

16

Einweihungslehre Europas. Es ist ein Tempel Salomons, eine Einweihungsstätte, gleich der großen Pyramide von Gizeh, mitten in Frankreich, gebaut auf dem heiligsten Hain der Druiden.

Die Qualitäten, die in der Kathedrale verborgen liegen, sind das große Geheimnis, das Chartres in sich birgt und das jeder für sich selbst erfahren kann. Sie ist ein Tempel der Einweihung.

Als ich vor einigen Jahren mit einem guten Freund in Chartres war, nahmen wir uns kein Zimmer, sondern übernachteten in unseren Schlafsäcken auf dem Hügel im Garten der Kathedrale unter einer Eibe. Es war der Vollmond im Februar 2002. Erst einige Zeit später erfuhr ich, dass in dieser Nacht der Mond der Erde so nahe war wie seit vielen Jahren nicht mehr. Es war ein Abenteuer, sich durch den eigentlich geschlossenen Garten zu schleichen und die Qualität der Nacht am heiligen Hügel zu erfahren.

Damals fand in mir eine Veränderung statt, die ich erst nach Jahren beschreiben konnte. Viele dieser Kathedralen, Klöster und Kirchen mit den dazugehörigen Gärten strahlen für die meisten Menschen eine Energie der Unberührbarkeit und eine manchmal vorgespielte, fast staubige Ehrwürdigkeit aus. Chartres ist ein Ort des Lebens und der Bewegung und nicht der Stagnation. Vor Jahren hat einmal ein Bischof Kinder vertrieben, die auf dem Labyrinth spielten.

Diese Steifheit, die ich noch heute in vielen Kirchen und Klöstern spüre, hat sich in dieser Nacht für mich von den Meistern der Hebräer, Jesus, Maria Magdalena, Moses, Myriam, Elias, Jakobus, Sara, Johannes, Benediktus, Franziskus und vielen anderen gelöst.

Unter der Eibe ist das alte Bild der jüdisch-christlichen Meister gestorben und eine neue Sichtweise konnte beginnen zu leben. All diese Meisterinnen und Meister haben vor Leben gesprüht, und persönlich bin ich mir sicher, dass die meisten liebend gerne, zumindest in ihren jungen Jahren, mit uns durch den Garten geschlichen wären.

So habe ich die Eibe als sanfte Transformationskraft gespürt, als eine Kraft, die alte und hinderliche Vorstellungen in uns absterben lässt, damit Neues geboren werden kann.

NIMM MEINEN SOHN VOM KREUZ

Als ich vor einigen Jahren in der Krypta von Chartres in tiefer Meditation vor der Madonna saß, hörte ich plötzlich sehr deutlich und klar einen einzigen Satz: „Nimm meinen Sohn vom Kreuz!" Niemals zuvor hatte ich eine Botschaft aus der geistigen Welt mit meinen physischen Ohren gehört. Der Klang der Worte war absolut klar und direkt.

Erst später erkannte ich die Bedeutung dieser Worte – und diese Erkenntnis gehörte bis zu diesem Zeitpunkt zum Wichtigsten, was ich in meinem Leben erfahren habe.

Ich selbst muss den Sohn Gottes vom Kreuz nehmen, vom Kreuz des Leidens, der Abhängigkeit und der Materie. Dieser Sohn Gottes ist in mir, ich selbst muss dies in mir verwirklichen!

Jedem selbstständig denkenden Menschen müsste die Schamesröte ins Gesicht steigen, wenn er wirklich mit dem Bewusstsein leben würde, das vor 2000 Jahren ein Mensch alle Sünden, und damit auch seine, auf sich genommen hat und deshalb dieses Martyrium erleiden musste.

Wenn nun die Mehrheit der christlichen Menschheit immer nur den gekreuzigten Jesus verehrt, sieht sie dieses Leiden als einzigen Weg, sich spirituell weiterzuentwickeln. Das Leiden Jesu wird missbraucht! Der Tod Jesu am Kreuz ist der Tod des physischen Körpers, der nicht auferstehen kann. Der an die Materie gebundene Körper stirbt und der Körper des Sohnes Gottes erfährt die Auferstehung.

Selbst dann, wenn das Kreuz, wie es manchmal gedeutet wird, als Symbol des Weltenbaums gesehen wird, an dem Jesus gleich Odin die letzten Weisheiten des kosmischen Gesetzes erfuhr, liegt der Schlüssel doch darin, über dem Kreuz und damit frei zu stehen und nicht angenagelt am Kreuz zu hängen.

Die Menschen des Urchristentums wären nie auf die Idee gekommen, den leidenden Jesus zu verehren. Das Symbol des gekreuzigten Jesus ist erst im Mittelalter bekannt geworden.

Alle diese Dinge wussten die großen Baumeister von Chartres, und daher zeigen alle Darstellungen, bis auf zwei kleine Bilder, Jesus als Menschen der Weisheit und Liebe – und es gibt Hunderte von Skulpturen und Fensterbildern mit Jesus.

Wie soll im Menschen das göttliche Kind geboren werden, wenn ein anderer, zumindest seiner Meinung nach, für ihn leidet? Dieses Mysterium der zweiten Geburt kann nur geschehen, wenn der Mensch beginnt, für sich selbst bewusst die Verantwortung zu übernehmen.

Jesus, Krishna, Gargantua, Merlin und noch andere große Meister der Menschheit wurden, so die Legenden, von einer Jungfrau geboren. Da stellt sich natürlich die Frage: „Wie kann das sein? Es ist nicht möglich, dass eine Frau ein Kind ohne die Befruchtung des Mannes, also jungfräulich, auf die Welt bringt." Die

20

Beantwortung dieser Frage ist nur durch das Mysterium der zweiten Geburt möglich.

Ein Ausschnitt aus dem Buch der Essener verdeutlicht dies:

Und Jesus lehrte sie und sprach: „Wahrlich, wahrlich, ich sage euch, wenn der Mensch nicht geboren wird, kann er das Himmlische Reich nicht sehen." Und ein Mann fragte: „Wie kann ein Mensch geboren werden, wenn er alt ist? …". Und Jesus antwortete: „Wahrlich, wahrlich, ich sage euch, nur wenn ein Mensch von der Erdenmutter und dem Himmelsvater geboren wird und mit den Engeln des Tages und der Nacht wandelt, kann er in das Ewige Königreich eintreten …".

Jesus berichtet hier von einer zweiten Geburt, von einer Wiedergeburt, wenn der Mensch bereits auf der Erde lebt. So, wie es Jesus erzählt, „von der Erdenmutter und dem Himmelsvater geboren", sind nun diese die Eltern des Menschen, der die zweite Geburt in sich erlebt. Wenn in uns selbst das göttliche Kind geboren wird, dann hat uns die göttliche Mutter jungfräulich geboren. Der Mensch selbst kann sich als Kind Gottes erkennen.

Auch im Johannesevangelium findet man eine entsprechende Stelle. Im Gespräch mit Nikodemus antwortet Jesus folgendermaßen:

Jesus antwortete und sprach zu ihm: „Es sei denn, dass jemand von neuem geboren werde, so kann er das Reich Gottes nicht sehen." Nikodemus spricht zu ihm: „Wie kann ein Mensch geboren werden, wenn er alt ist? Kann er denn wieder in seiner Mutter Leib gehen und geboren werden?" Jesus

21

antwortete: „Wahrlich, wahrlich, ich sage dir: Es sei denn, dass jemand geboren werde aus Wasser und Geist, so kann er nicht in das Reich Gottes kommen. Was vom Fleisch geboren ist, das ist Fleisch; und was vom Geist geboren ist, das ist Geist."

Auch im Thomasevangelium findet man eine Aussage Jesu in Bezug auf die zweite Geburt. Dass diese Schriften, obwohl sie die ältesten Aufzeichnungen von Jesus sind, von der katholischen Kirche nicht anerkannt werden, ist sehr schade. Wie kaum eine andere Schrift handelt das Thomasevangelium davon, selbst den Weg zu gehen.

Jesus sprach: „Wenn ihr den seht, den keine Frau geboren hat, dann werft euch auf euer Gesicht und verehrt ihn. Jener ist euer Vater."

Es gehört zum Wesentlichsten, dass der Mensch selbst den Weg beschreitet. Man kann nicht erlöst werden, man muss sich selbst erlösen.

Als die ersten Christen nach Chartres kamen, entdeckten sie dort eine schwarze Madonnenstatue mit einem Kind auf dem Schoß. Am Sockel der Statue waren folgende Worte eingeschrieben: „Virgin pariturae", was bedeutet „die Jungfrau, die gebären wird". Eine Nachbildung der Schwarzen Madonna – das Original ist während der französischen Revolution verbrannt worden – steht heute in der Krypta von Chartres. Ihr Name ist „Notre Dame de Sous-Terre", was übersetzt bedeutet „Unsere Frau unter der Erde". Sie ist übrigens die einzige Schwarze Madonna mit geschlossenen Augen, die ich kenne.

Das Besondere ist das Alter der Statue, denn es reicht viele Jahre vor die Geburt Christi zurück. Man kann sich vorstellen, wie erstaunt die ersten Christen über den Fund dieser heiligen Skulptur der Schwarzen Madonna gewesen sein müssen und mit welcher Ehrfurcht sie betrachtet und verehrt wurde. Man denkt bis heute, dass weissagende Druiden die Geburt Christi vorhergesehen und den Menschen durch die Statue diese Botschaft hinterlassen haben. Anders konnte man sich nicht vorstellen, wie sie entstanden sein sollte.

Dass die alten Meister den Menschen späterer Zeiten durch die Statue eine wichtige Botschaft mitteilen wollten, ist richtig, nur ist der Inhalt ein anderer als allgemein angenommen. Diese Botschaft der Druiden trägt wesentlich zum Verständnis dieses heiligen Ortes bei.

Mit der Aufschrift: „Die Jungfrau, die gebären wird", war die göttliche Mutter gemeint, die durch die Besonderheiten des Hügels von Chartres in einzigartiger Weise auf die Menschen einwirkt. Hier wirkt die Qualität des Hügels als Vorbereitung für die göttliche Geburt. Auch wenn die Statue eine Nachbildung ist, ändert dies nichts an dem großen Geheimnis dieses heiligen Ortes. Nun bekommt diese Figur der Schwarzen Madonna in der Krypta von Chartres eine völlig neue Bedeutung.

Die alten Priester gaben den Menschen, die nach ihnen lebten, durch diese Statue die Botschaft, welche Qualitäten am Hügel von Chartres verborgen liegen. Die Meister und Adepten der Templer haben diese Nachricht der Druiden richtig verstanden und daher die Einweihungstradition dieses heiligen Hügels weitergeführt.

Direkt neben der Statue in der Krypta befindet sich ein Brunnen, der 33 Meter in die Tiefe reicht. Leider wurde er schon vor vielen Jahren aus Unverständnis verschüttet. Dieser Brunnen trägt den Namen „Le Puit des Forts", was üblicherweise mit „Brunnen der Starken" übersetzt wird. Ähnlich hieß früher auch der Hügel von Chartres „Lieu des Forts", also „Stätte der Starken". Die Frage ist nun: Was bedeutet in diesem Zusammenhang „stark"? Eigentlich ist das altfranzösische Wort *fort* ein Terminus für Eingeweihte! Und genau das betrifft wieder die Qualität dieses Hügels: Die alten Druiden waren die Eingeweihten vergangener Zeiten und der Hügel von Chartres eine Stätte der Eingeweihten.

Die heilige Quelle von Chartres trägt die Qualität dieses Tempels in sich. Wer dieses Wasser getrunken hatte, fühlte sich von diesem Ort gesegnet.

Das große Geschenk, welches die Adepten der Tempelritter der Menschheit hinterlassen haben, war, dass sie diesen „Hügel der Eingeweihten" nun allen Menschen zugänglich gemacht haben.

Auch wenn das viele Menschen nicht glauben wollen: Der historische Jesus, der vor etwa 2000 Jahren auf der Erde gelebt hat, ist in gleicher Weise gezeugt worden wie jeder andere Mensch auch, durch die Liebe zwischen Mann und Frau. Die Bedeutung der jungfräulichen Geburt ist sehr vielschichtig; einige Aspekte habe ich oben bereits erwähnt.

Es hat einen tieferen Grund, weshalb der Erzengel Gabriel Maria die frohe Botschaft überbracht hat, dass sie schwanger ist und ein Kind empfangen wird. Dabei ging es nicht um die physische Geburt, sondern um die zweite, die jungfräuliche Geburt.

Wenn man den Norden Frankreichs aus der Luft betrachtet, kann man eine Besonderheit feststellen, die einen immer wieder mit Staunen erfüllt. Die gotischen Kathedralen ergeben auf der Erde eingezeichnet zusammen das Sternbild der Jungfrau. Es sind dies die Kathedralen von Chartres, Reims, Amiens, Rouen, Bayeux, Evreux und noch einige mehr.

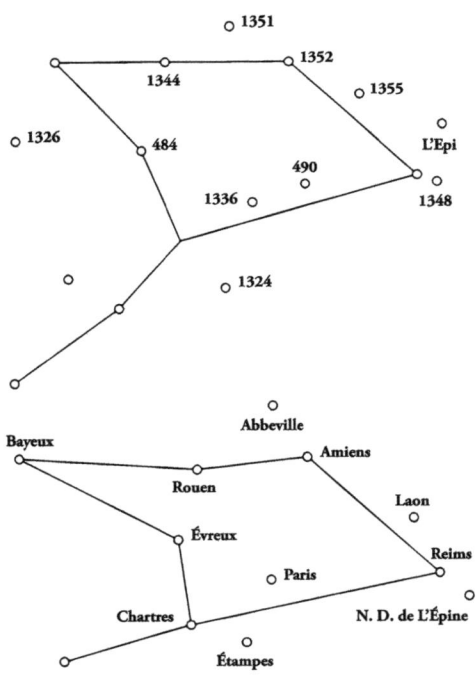

Abb. 1: Das Sternbild der Jungfrau und die Kathedralen der Jungfrau im Norden Frankreichs

Zugleich ist jede dieser Kathedralen der Heiligen Jungfrau gewidmet. Welch ein Hinweis auf die Qualität der gotischen Kathedralen!Wo liegt nun der Unterschied zwischen einer Kathedrale wie der in Reims oder der in Chartres?

Die erste Antwort gibt uns der Vergleich mit dem Sternbild. Alle Kathedralen nehmen auf der Erde den Platz eines Sterns ein – außer Chartres.

Mit den Kathedralen in Nordfrankreich haben die Baumeister einen Spiegel dieses Sternbildes geschaffen. Jede der Kathedralen, die auf dem Platz eines Sterns steht, trägt einen anderen Aspekt der Qualität der göttlichen Mutter in sich. Es ist eine wunderbare Erfahrung, die Verschiedenheit zweier Kathedralen wie zum Beispiel Reims und Bayeux zu spüren.

Gemeinsam mit zwei Freunden unternahm ich eine Reise zu den oben erwähnten Jungfraukathedralen im Norden Frankreichs. Viele Erlebnisse auf dieser Pilgerreise sind uns unvergesslich geblieben.

Kaum ein Tempel hat für mich das Gefühl der Gemeinschaft der Menschen so sehr zum Ausdruck gebracht, wie die Kathedrale von Paris Notre-Dame mit ihren wunderschönen Fensterrosen. Als wir in Rouen um die Begleitung der geistigen Welt für unsere Reise baten, kam plötzlich ein uns völlig unbekannter älterer Mann auf uns zu und schenkte jedem von uns eine Karte mit der Darstellung der Mutter Maria. Diese Begegnung war für uns wunderschön und dankbar nahmen wir die Begleitung an.

Einem inneren Impuls folgend, fuhren wir von Bayeux in die Normandie und waren plötzlich mit der jüngeren Vergangenheit Europas konfrontiert. Etwas später, in der Kathedrale, baten wir um die Kraft des

Verzeihens, des Respekts und der Toleranz zwischen den Völkern und Staaten Europas. Es war ein besonderes Erlebnis, als nach unserem Ritual aus den Lautsprechern der Kathedrale plötzlich die Europahymne erklang.

Die Qualität der Kathedrale in Reims hingegen war für mich vor allem als Klarheit und Unterscheidungskraft spürbar. Kaum ein Gebäude hat mir die Wachsamkeit so sehr vermittelt, wie dieser große Tempel.

Ein besonderes Erlebnis war auch der Besuch der Kathedrale von Amiens, wo wir gefordert waren, zu unseren Entscheidungen zu stehen und die Konsequenzen zu tragen. Vor allem hat mir dieser Tempel vermittelt, dass es keine Wertungen gibt.

In Evreux wurden wir schon durch das Wasser im kleinen Kanal vor der Kathedrale begrüßt. Eine wunderschöne Weide segnet dort in ihrer Verbindung von Himmel und Erde das Wasser mit einem goldenen Schauer. Es ist ein Ort, an dem diese Qualitäten des Wassers besonders spürbar sind.

Mit diesen kurzen Beschreibungen möchte ich einige meiner Wahrnehmungen vermitteln. Jede dieser Kathedralen trägt eine andere Qualität in sich und ist damit Spiegel eines Sterns im Sternbild der Jungfrau.

Chartres selbst steht an einer ganz besonderen Schnittstelle. Auf diesem Platz ist kein Stern, sondern hier treffen die Essenzen aller Qualitäten der Jungfraukathedralen in einem einzigen heiligen Tempel zusammen.

Der Unterschied liegt in dem Grund und der Absicht, weshalb diese Tempel gebaut wurden. Alle Kathedralen wurden errichtet, um die verschiedenen Qualitäten der göttlichen Mutter aufzunehmen und nach Chartres zu senden. In Chartres selbst führt die göttliche Mutter den Menschen auf ihrem spirituellen Weg weiter.

Der zweite Unterschied der Kathedralen ist natürlich der heilige Hügel selbst. Dort befindet sich seit Tausenden von Jahren eines der wichtigsten Einweihungszentren Europas. In der Planung der Jungfraukathedralen bildete Chartres gleichsam den Mittelpunkt eines Kreises. Alle anderen Kathedralen wurden auf sie ausgerichtet und in den Ortschaften, die dem jeweiligen Stern am nächsten waren, gebaut.

Im Christentum gibt es ein Fest, das die zweite Geburt feiert, das Weihnachtsfest. Diese heilige Zeit im Jahr trägt viele Geheimnisse in sich, und wenn man sich der Qualität dieses Festes wirklich bewusst wird, kann diese Nacht eine geweihte Nacht, eine Weih-Nacht sein. Zugleich trägt Weihnachten etliche Geheimnisse in sich, die Schlüssel für das Verständnis der Kathedrale von Chartres sind.

DIE BOTSCHAFT VON WEIHNACHTEN UND DAS GEHEIMNIS DER RICHTUNG DER KATHEDRALE

„Geboren von einer Jungfrau!" – in diesem Satz liegt ein weiteres Geheimnis. Es gibt im Jahreskreis eine Zeit, die vom Mysterium der inneren Geburt des göttlichen Kindes im Menschen erzählt. Das Datum wird Ihnen bekannt vorkommen, es ist die Nacht vom 24. auf den 25. Dezember. Dieser Zeitpunkt ist natürlich nicht willkürlich gewählt, sondern trägt große Geheimnisse in sich.

Wieder folgen die Religionen einem Gesetz, welchem alles Leben untergeordnet ist. Alle Weisheit hat einen gemeinsamen Ursprung, der lange Zeit zurückliegt. Diesem Ursprung folgen auch die religiösen Feste in Europa, im Christentum und viele Jahre früher in der Einweihungslehre der Druiden.

Heute wird Weihnachten durch eine Zeit vorbereitet, die wir Adventzeit nennen. In ihrer eigentlichen Qualität sind diese Wochen sehr geheimnisvoll. Von einigen dieser Geheimnisse möchte ich erzählen, da man durch sie dem Mysterium um Weihnachten einen Schritt näher kommen kann.

Das Symbol dieser Zeit ist der Adventskranz, ein Kreis mit vier Kerzen. Unabhängig davon, wie alt oder eigentlich jung der Adventskranz als Symbol ist, entspricht er doch einem sehr alten Symbol. Der Sinn der Adventzeit liegt darin, dass sie die Geburt des göttlichen Kindes in der Heiligen Nacht vorbereitet. Symbolisch ist sie dadurch ein Spiegel unserer eigenen Entwicklung als Menschen. Es wird in vier Wochen das zusammengefasst, was eigentlich viele Jahre und viele Leben dauert.

Erst durch die Erklärung der Bedeutung der Elemente kann man verstehen, wie die Kathedrale auf den Menschen wirkt. Zugleich können wir erkennen, wie die geistigen Kräfte auf den Menschen wirken.

In den meisten Religionen und Kulturen werden mithilfe der Elemente Erde, Wasser, Luft und Feuer die Entstehung und der Aufbau der Welt erklärt. In den ältesten Schriften der Menschheit finden wir Beschreibungen von ihnen, die immer zugleich die grobstoffliche und die feinstoffliche Welt betreffen.

Immer sind die Elemente Grundlage der Mysterien und der Einweihungen. Von vielen Heilern kennen wir Erklärungen wie: „Jemand hat zu viel oder zu wenig Feuer, Wasser, Luft, oder Erde", und alle diese Aussagen haben immer einen feinstofflichen, energetischen Hintergrund. So arbeiten auch die meisten Magier und Mystiker mit den Elementen.

Nicht nur die Erde selbst, sondern alle festen Gegenstände wie Steine, Holz, Pflanzen, unsere Knochen, die Metalle, usw. gehören dem Element Erde an. Das Element Wasser finden wir natürlich im Wasser selbst, aber auch in jeder anderen flüssigen Form wie unseren Körperflüssigkeiten oder Benzin und Erdöl.

Das Element Luft betrifft wiederum die Luft selbst wie auch alle anderen gasförmigen Dinge, und das vierte Element Feuer finden wir im Blitz und im Feuer selbst.

Es gibt Geschichten und Legenden von einem Mann, der vor etwa 2000 Jahren in Amerika gelebt haben soll. Sein Name war „The Lord of wind and water". Er wanderte durch Nord-, Mittel- und Südamerika, und in den Mythen wird bis heute von der hohen Meisterschaft dieses Mannes erzählt. Wahrscheinlich war er unter anderem ein großer Meister, der, wie noch heute manche Schamanen und Priester, das Wetter beeinflussen konnte. Dazu bedarf es der Meisterschaft über den Wind und das Wasser.

Die Voraussetzung dafür, irgendetwas im Außen zu bewegen, ist die Meisterschaft im Inneren. Was der Name „The Lord of wind and water" vor allem ausdrückt, ist seine Meisterschaft über seine Gedanken und Gefühle.

Auf geistiger Ebene im Menschen haben die Elemente folgende Entsprechungen:

Feuer – unser Wille
Luft – unsere Gedanken
Wasser – unsere Gefühle
Erde – unser Bewusstsein

Können wir uns konzentrieren oder aufmerksam zuhören? Sind wir in der Lage, uns gedanklich länger mit einem Thema zu befassen oder schweifen wir ab? Beide Fragen betreffen unter anderem das Element Luft, und ein Meister dieses Elements beherrscht vor allem seine Gedanken. Dieses Element betrifft auch unseren Intellekt und unser Wissen.

Das Element Wasser hängt mit unseren Emotionen und Gefühlen zusammen. Leben wir im Mitgefühl mit anderen Lebewesen? Wie sehr lassen wir uns von unseren Emotionen mitreißen? Auch unsere Sexualität ist eng mit dem inneren Wasser verbunden.

Für viele Älteste der nordamerikanischen Indianer ist „The Lord of wind and water" – und das hat mich sehr erstaunt – Jesus selbst. Die Weisheit (*wind*) und die Liebe (*water*) Jesu erkannten natürlich auch sie. Ein Meister des Windes und des Wassers, also „The Lord of wind and water", ist in erster Linie ein Meister seiner eigenen Gefühle und Gedanken.

Das Element Feuer hat die Eigenschaft der Expansion. So wie es einerseits aufbauend ist, kann das unkontrollierte Feuer andererseits zerstörerisch sein. Diese Seite des Feuers zeigt sich aber auch in der Transformation. Das Willensprinzip des Menschen entspricht dem Element Feuer. Beherrsche ich mich selbst oder lasse ich mich beherrschen? Habe ich einen starken Willen oder bin ich auf der einen Seite zu nachgiebig oder auf der anderen zu starr? Diese Fragen betreffen unmittelbar das Element Feuer. Aus dem fünften Element Akasha sind alle anderen Elemente entstanden.

Im Christentum sind es die Engel und Erzengel, die im Kleinen, in unserem Körper, wie im Großen, im Universum, über die Elemente die Ordnung aufrechterhalten. Welche wichtige Rolle die Engel und Erzengel haben, kann man auch in Chartres an den verschiedensten Stellen sehen.

Jede Kerze auf dem Adventskranz symbolisiert eines der vier Elemente, und das Anzünden der Kerzen bedeutet zugleich ihre Aktivierung. Die Elemente entsprechen unter anderem seelischen Eigenschaften in uns. Damit können wir uns durch die Adventszeit dieser Eigenschaften bewusst werden.

Die 1. Kerze aktiviert das Element Erde.
Positive Eigenschaften:
gewissenhaft, pünktlich, bescheiden, konsequent, ordentlich ...
Negative Eigenschaften:
träge, schwerfällig, schwermütig, gewissenlos, unzuverlässig ...

Die 2. Kerze aktiviert das Element Wasser.
Positive Eigenschaften:
mitfühlend, still, gelassen, geduldig, sensibel, zärtlich, hilfsbereit ...
Negative Eigenschaften:
teilnahmslos, schüchtern, passiv, lethargisch, desinteressiert ...

Die 3. Kerze aktiviert das Element Luft.
Positive Eigenschaften:
intelligent, heiter, herzlich, großzügig, offenherzig, natürlich ...
Negative Eigenschaften:
oberflächlich, unehrlich, aufgeblasen, klatschsüchtig, haltlos ...

Die 4. Kerze aktiviert das Element Feuer.
Positive Eigenschaften:
willensstark, mutig, begeistert, schöpferisch, selbstbewusst, fleißig, selbstständig ...

Negative Eigenschaften:
jähzornig, reizbar, aggressiv, hasserfüllt ...

So kann uns die Adventzeit zu uns selbst führen, indem wir die negativen Eigenschaften in positive Eigenschaften umwandeln. Wer diese Zeit in diesem Sinne bewusst erlebt, wird sicherlich viel von sich erfahren können.

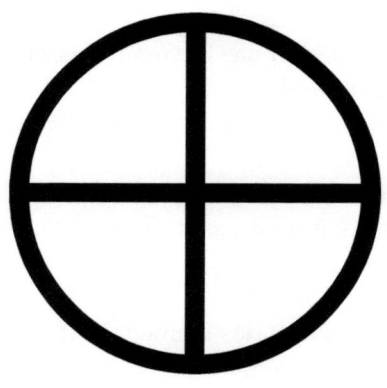

Abb. 2: Ein Symbol der vier Elemente

Ausschließlich die Beschäftigung mit unserem Inneren wird uns auf der Suche nach einem spirituellen Lebensinhalt weiterführen. In diesen vier Wochen haben wir symbolisch die Gelegenheit, einen Schritt weit zu uns selbst zu kommen. Als Vorbereitung dauert die Adventzeit natürlich nicht nur vier Wochen, sondern das ganze Leben.

Die vier Elemente findet man in Chartres an einem ganz bestimmten Ort, der zu den bekanntesten Symbolen überhaupt gehört – das Labyrinth von Chartres. Dazu mehr in einem späteren Kapitel.

Wenn wir das Symbol des Adventskranzes betrachten, erkennen wir, dass der einzige Ort, wo wir die Mitte in uns selbst erreichen können, im Zentrum liegt. Dort befinden wir uns im Mittelpunkt der vier Elemente. Dieses Zentrum versinnbildlicht das Göttliche. Am Ende der Adventzeit zünden wir keine Kerze mehr an, sondern gelangen am 24. Dezember symbolisch in die Mitte.

Heute stellen sich die Menschen einen Weihnachtsbaum auf. Obwohl erst etwas über hundert Jahre alt, ist der Baum ein wunderschönes Symbol der Zentrierung. Leider haben die Adventzeit wie das Weihnachtsfest ihre eigentliche Bedeutung für die meisten Menschen verloren. Weihnachten ist eines der heiligsten Feste des Christentums, und wenn man sich wirklich bewusst wird, dass es in diesen Tagen um die Geburt des inneren göttlichen Kindes geht, bekommt die Nacht der Weihung, also die Weih-Nacht, wieder eine besondere Bedeutung. Sie kann wieder wirklich zur Heiligen Nacht werden.

Jesus, der große Meister der Liebe und der Weisheit, singt mit uns, wenn wir uns durch unsere Lebensweise bemühen, das göttliche Kind in uns selbst auf die Welt zu bringen. Wenn Jesus gesagt hat: „Niemand kommt zum Herrn, denn durch mich", hat dies natürlich eine andere Bedeutung, als man oberflächlich betrachtet meinen möchte.

Man kann es folgendermaßen übersetzen: „Niemand kommt zu Gott, außer durch das in ihm selbst geborene göttliche Kind." Viele dieser Sätze von Jesus sind in dieser Weise gleichnishaft verschlüsselt.

In den Schriften der Essener finden wir folgenden Abschnitt:

Und der Herr sprach zu Moses: „Siehe, seit Anbeginn der Zeiten hat es einen Bund zwischen Gott und dem Menschen gegeben, und die heilige Flamme des Schöpfers ging in ihn ein. Und er wurde zum Sohn Gottes gemacht, und er sollte sein Erstgeburtsrecht bewahren und das Land seines Vaters fruchtbar machen und heilig halten. Und wer den Schöpfer aus sich vertreibt, speit auf sein Geburtsrecht, und in den Augen Gottes gibt es keine größere Sünde."

Dieser Absatz bedeutet nichts anderes, als dass Gott in uns ist! Jeder von uns trägt den göttlichen Funken in sich.

Wer kennt nicht die Legende der Geburt Jesu in Bethlehem. Kaum eine Geschichte in der Bibel ist in dieser Weise bekannt und wird so oft erzählt und dargestellt. Nur, was bedeutet die Höhle, in der Jesus zur Welt kommt, weshalb sind ein Esel und ein Ochs dabei, warum kommen die Hirten und was steckt hinter den geheimnisvollen Königen? Einiges davon möchte ich beschreiben, damit Sie der tiefen Bedeutung von Weihnachten und damit der zweiten Geburt näherkommen können.

Vor kurzem hat sich ein Theologe dafür eingesetzt, den Ochs und den Esel aus der Krippe zu entfernen, da sie nichts mit der Geburt Jesu zu tun hätten. Dagegen ist zu sagen: Bei einer derart alten Legende, wie der von der Geburt Jesu, haben alle Dinge eine tiefere Bedeutung, und wenn man manches davon nicht versteht, so liegt das nicht an der Legende, sondern an einem selbst.

Wenn das göttliche Kind im Menschen geboren ist, muss es zu wachsen beginnen. Eine wesentliche Aufgabe besteht dabei in der Überwindung und Beherrschung unseres niederen Selbst. Ein anderer Ausdruck für das niedere Selbst ist das Tierische im Menschen.

Die beiden Tiere, der Esel und der Ochs, symbolisieren zwei wesentliche tierische Aspekte, an denen wir arbeiten müssen.

Der aktive tierische Instinkt (Esel):
Wenn der Mensch diesen tierischen Instinkt in sich selbst nicht zu beherrschen sucht, bringt er anderen Schmerz und Leid, wenn er etwas haben oder erreichen will. Stur wie ein Esel verfolgt er sein Ziel ohne Rücksicht auf Verluste.

Der passive tierische Instinkt (Ochse):
Der Ochse im Stall bedeutet die Passivität des tierischen Instinktes, wir haben keinen Willen oder keinen Antrieb, etwas zu tun. Wenn wir in diesem Fall den tierischen Instinkt nicht überwinden, schauen wir apathisch zu, wie uns selbst oder anderen Menschen Leid geschieht.

Karma entsteht, wenn wir etwas tun, womit wir anderen Menschen Leid bringen (Esel) oder etwas unterlassen, womit wir ihnen helfen würden (Ochse). Beide Tiere im Stall von Bethlehem zeigen dem Menschen, in welcher Weise man an sich arbeiten kann. Wie soll sich ein Mensch weiterentwickeln, wenn nicht durch die Beherrschung und Überwindung seiner Schwächen?

Man kann an diesem Beispiel erkennen, wie viele Weisheiten hinter einem so einfachen Bild verborgen sind und welche wichtige Rolle beide Tiere in dieser Geschichte haben.

Das göttliche Kind wird in einer Höhle geboren und liegt im Stroh einer Krippe. Die Höhle symbolisiert den Bauch der göttlichen Mutter, aus welchem das Christkind sind geboren wird. Maria, die in der Geschichte als Mutter von Jesus das Kind jungfräulich zur Welt gebracht hat, übernimmt im Christentum die Rolle der göttlichen Mutter. Auch deshalb wird sie gleich den großen Göttinnen und Meisterinnen der Vergangenheit von vielen Menschen hoch verehrt.

Josef symbolisiert zusammen mit Maria den Ausgleich zwischen dem männlichen und dem weiblichen Prinzip. So wie der Esel und der Ochs das niedere Selbst versinnbildlichen, liegt das höhere Selbst, nach dem sich das geborene Kind ausrichtet, symbolisch in den Eltern, in Maria und Josef.

Das passive höhere Selbst (Maria):
Die Aufgabe liegt in der Hingabe, der Mensch gibt sich dem Göttlichen hin.

Das aktive höhere Selbst (Josef):
Hier liegt die Aufgabe wiederum darin, sich aktiv um das Göttliche zu bemühen.

Alle diese Betrachtungen erzählen natürlich nur einen kleinen Teil der Aspekte des höheren Selbst. In Wahrheit sind Aktivität und Passivität auch nicht getrennt, sondern beschreiben zwei gegensätzliche Pole, die Teil einer einzigen Qualität sind.

Nach der Geburt des Jesuskindes erschienen den Hirten auf einem Feld Engel und verkündeten ihnen, dass der Sohn Gottes geboren worden sei. Die Hirten besuchten daraufhin mit ihren Schafen das Jesuskind.

Im Orient war die Wolle eines Schafes das Synonym für einen Sufi, also einen Eingeweihten. Die Tradition der Sufi ist älter als das Christentum oder der Islam, sie reicht viele Jahre zurück und hat ihren Ursprung bei den alten Meistern der Wüste. Heute noch kennt man das Bild eines Alchimisten und Magiers aus dem Orient. Sogar das Wort *Sufi* heißt übersetzt „Wolle"! Indem die Hirten Jesus ein Schaffell schenkten, zeigten sie, dass sie ihn als Meister und Eingeweihten erkannt hatten.

Bei der Geburt waren alle geistigen Hierarchien, von den Naturwesen bis zu den Engeln, anwesend und haben das göttliche Kind geehrt. Auf diese Weise vermittelt die Legende die hierarchische Stellung des göttlichen Sohnes.

Ein leuchtender Stern wies den Weisen aus dem Morgenland den Weg nach Bethlehem. Dort fanden sie das Kind in einer Krippe und überreichten ihm Gold, Weihrauch und Myrrhe. Für die Entwicklung des göttlichen Kindes sind diese Geschenke von großer Wichtigkeit.

Einige Aspekte mögen zur Klärung dieser Geschichte beitragen. In der Bibel oder in den alten Überlieferungen ist nie von drei Königen die Rede, sondern immer von

Sterndeutern oder, in der griechischen Originalübersetzung, von Magiern, die das göttliche Kind besuchten. Auch wie viele Magier zu Besuch kamen, ist nicht sicher; zu früheren Zeiten dachte man, dass es nur zwei Magier waren.

Immer hat man versucht, herauszufinden, ob vor etwa 2000 Jahren ein besonderer Komet im heutigen Israel sichtbar war, da man nicht wusste, wie der „leuchtende Stern" einzuordnen war.

Bei dieser Erscheinung handelte es sich jedoch um eine ganz besondere Stellung der Planeten, und die Magier waren Meister der Astrologie. Wahrscheinlich kamen sie aus der Gegend des heutigen Irak, dem Morgenland im Osten, wo früher die Priester der Lehre von Zoroaster lebten. Städte wie Babylon oder Ur waren überall für ihre großen Astrologen bekannt und keine Entscheidung der regierenden Könige wurde damals ohne die Mitwirkung der Magier und Astrologen getroffen.

Die Konstellation zu einer bestimmten Zeit sagte ihnen, dass ein großer Meister geboren wurde, und dieser Nachricht folgten sie und kamen daher nach Jerusalem. Als Geschichte überliefert ist, dass am dreizehnten Tag nach der Geburt drei Weise aus dem Morgenland das Jesuskind besuchen und Geschenke bringen.

Alle drei Gaben – Gold, Weihrauch und Myrrhe – haben mehrere tiefe Bedeutungen. Das göttliche Kind, das im Menschen geboren wurde, bekommt diese Geschenke, damit es wachsen und sich entwickeln kann.

Die erste Bedeutung:
Gold symbolisiert den Körper, Myrrhe die Seele und Weihrauch den Geist. Es handelt sich hierbei um ein symbolisches Geschenk für die Entwicklung von Körper, Seele und Geist.

Die zweite Bedeutung:
Gold steht für den König und Weihrauch für den Priester. Die große Aufgabe besteht darin, sich selbst der eigene König und Priester zu werden. Myrrhe wurde zum Einbalsamieren verwendet und erzählt vom Geheimnis der Unsterblichkeit. Die Unsterblichkeit, die damit gemeint ist, ist unabhängig vom Tod des physischen Körpers.

Die dritte Bedeutung:
Gold ist das Symbol innerer Reinheit. Die wahren Alchimisten haben immer nach dem geistigen Gold gesucht. Wenn wir unser inneres Blei in Gold verwandeln, bedeutet dies, dass wir Eigenschaften wie Neid oder Angst in Großzügigkeit und Liebe umwandeln. Weihrauch und Myrrhe dienen der Reinigung des Geistes und der Seele.

„Warum zeigt die Kathedrale von Chartres nicht von Westen nach Osten, sondern von Südwesten nach Nordosten?"

In der Beantwortung dieser Frage liegt das Mysterium von Weihnachten verborgen. Wie wir sehen werden, ist die Ausrichtung nach Nordosten die einzige mögliche Richtung für einen Tempel, welcher der jungfräulichen Geburt dienen soll.

Normalerweise betritt man eine Kirche im Westen, dort, wo die Sonne untergeht, also in der Dunkelheit, und gelangt durch die Kirche in den Osten, zum Sonnenaufgang und in das Licht.

Die Sonne geht aber natürlich nicht immer genau im Westen unter, sondern von Südwesten bis Nordwesten, je nach Jahreszeit.

Genau im Westen geschieht dies nur am 21. März und am 23. September. Tag und Nacht sind hier gleich lang. Am 21. Juni geht die Sonne im Nordwesten unter, und damit beginnt die kürzeste Nacht im Erdenjahr.

Die Himmelskörper halten sich natürlich nicht an genaue mathematische Berechnungen, deshalb sind alle diese Daten immer nur ungefähre Richtwerte.

Die längste Nacht ist vom 21. auf den 22. Dezember und die Sonne geht im Südwesten unter. In der dritten Nacht nach dieser Sonnwende (vom 24. auf den 25. Dezember) wird das göttliche Kind in der Dunkelheit geboren. Und genau dort ist der Eingang des sogenannten „Westportals", des Haupteingangs der Kathedrale. Er blickt nach Südwesten, zum Datum der Sonnwende und der Heiligen Nacht.

Die mystische Entwicklung des Sonnenkindes spiegelt sich in den länger werdenden Tagen wider. Es wächst in das Licht. Die andere Seite der Kathedrale zeigt nach Nordosten. Wenn wir dies wieder mit dem gregorianischen Kalender vergleichen, geht dort am 21. Juni die Sonne auf, am längsten Tag des Jahres und damit am Tag des höchsten Lichts.

Wieder gibt uns die Kathedrale einen besonderen Hinweis. Auf dem Boden sehen wir auf einem ganz bestimmten Platz einen goldenen Nagel in einer Steinfliese. Genau am 21. Juni um 12 Uhr scheint aus einem von den Baumeistern ausgesparten Loch in einem

Fenster im Süden ein Sonnenstrahl und trifft den goldenen Nagel.

Dies ist durchaus kein Zufall, keine Spielerei. Dass dies genau zur Sonnenwende geschieht, lässt uns vielmehr erkennen, wohin der Weg der Kathedrale führt. Wieder ist das Gold das Symbol höchster Reinheit und der Sonnenstrahl erzählt von der Verbindung in das Licht.

Das geborene Kind entwickelt sich von der Dunkelheit, der längsten Nacht, bis zum Licht, dem längsten Tag. Das ist das Geheimnis der Richtung der Kathedrale von Chartres von Südwesten nach Nordosten. Der goldene Nagel hat noch eine weitere Bedeutung; von ihr werde ich später erzählen.

Im gleichen Maße wie die Kathedrale selbst, sind auch die dem Hügel innewohnenden Qualitäten von Südwesten nach Nordosten ausgerichtet. Um diese Geheimnisse wussten auch die Druiden, die als Meister diesen Platz als Einweihungszentrum gehütet haben. Die Richtung der Kathedrale folgt einem höheren Gesetz, das an diesem Ort seit Tausenden von Jahren manifestiert ist.

EIN EINWEIHUNGSWEG DES HEILIGEN GRALS

„Dies ist mein Blut ...", hat Jesus beim letzten Abendmahl gesagt, als er den Wein im Kelch segnete und den zwölf Aposteln zu trinken gab. So beginnt für viele Menschen die Geschichte eines wundersamen Gefäßes, das schon viele Generationen von Menschen auf ihrer spirituellen Reise begleitet hat. Mit dem gleichen Kelch oder der gleichen Schale soll Joseph von Arimathia, der Onkel von Jesus, das Blut des Gekreuzigten aufgefangen haben. Dieser Kelch wurde zum Gefäß des Blutes Christi und daher zugleich zu einem Gefäß höchster Liebe und Weisheit.

In dem geheimnisvollen Geschehen des letzten Abendmahls erkennen wir den Weg der Transformation der inneren Läuterung. So hat der Schriftsteller Gustav Meyrink einem Aufsatz über seine persönliche Weiterentwicklung den Titel *Die Verwandlung des Blutes* gegeben. Wieder sind es unsere Gedanken, unsere Gefühle, unser Wille und unser Bewusstsein, die unser Leben auf der grob- wie der feinstofflichen Ebene gestalten.

Joseph von Arimathia hat diesen Kelch der Legende nach zunächst nach Chartres gebracht, später dann nach

Glastonbury, wo das mystische Avalon sein soll. Als Joseph in Chartres ankam, sandte er einen Boten mit der Bitte zu Maria, ihr diesen Ort weihen zu dürfen. In dieser christlichen Legende erkennt man wieder die Qualität des Hügels von Chartres. Auch damals wurde er, wie schon lange Zeit zuvor, der Heiligen Jungfrau geweiht.

Schon die ersten Christen brachten diesem Platz höchste Wertschätzung entgegen. Da Joseph von Arimathia kurz nach der Kreuzigung Jesu nach Europa wanderte, war Chartres in Europa einer der ersten Orte im Fischezeitalter, die im Christentum geweiht wurden. Der Überlieferung nach befand sich auf dem Hügel von Chartres auch die erste Marienkirche Europas.

Den Namen, den dieser Kelch für viele Menschen trägt, kennen wir alle: der Heilige Gral. Kaum ein Gegenstand der mystischen Geschichte Europas birgt derart viele Geheimnisse in sich.

Das Symbol des Heiligen Grals wie auch das Wort „Gral" sind natürlich wesentlich älter als das Christentum. Wir kennen die Silbe *gral* aus dem Keltischen und wieder finden wir einen Ursprung dieses Wortes in der Legende von Chartres. Der Name Gar-Gantua nämlich trägt die Wurzel des alten Namens vom Gral in sich. Gar heißt „Stein", und aus einer Veränderung zu garen-AL, was „Gefäß des Steines", oder Gar-El, was „Stein Gottes" bedeutet, lässt sich leicht der Name Gral herleiten.

Durch die alten Legenden wissen wir, dass der heilige Stein von Gargantua unter dem Hügel von Chartres vergraben liegt. So finden wir auf diesen Platz den Heiligen Gral schon lange, bevor Joseph von Arimathia mit dem Kelch des Abendmahls den Hügel von Chartres besuchte.

Joseph von Arimathia folgte einem höheren Gesetz, als er darum bat, diesen Ort für die Menschen der neuen Zeit der Jungfrau Maria weihen zu dürfen.

Was ist nun der Heilige Gral – ein Kelch oder ein Stein oder, wie es manchmal behauptet wird, der Kessel des höchsten Gottes der Kelten, der Kessel des Dagda?

Wenn wir in der europäischen Gralsgeschichte nachlesen, gelangen wir von den Gralsrittern rund um König Artus über die Gralsuche des Perceval bis hin zu Richard Wagner, der den Mythos des Heiligen Grals in vielen Opern als Grundlage für seine Libretti nahm. Es ist in diesem Buch weder der Raum noch der Ort, diese Geschichten im Einzelnen zu beschreiben und tiefer auf ihre Bedeutung einzugehen. Nur so viel sei gesagt: Immer handelt es sich um die Suche nach dem Heiligen Gral! Lanzelot, Gawein, Parsifal (Perceval) und schließlich Galahad waren auf einer spirituellen Reise zu sich selbst. Die Suche nach dem Heiligen Gral ist ein Prozess der inneren Reinigung.

Wenn Perceval sagt: „Was suche ich den Gral, da ich doch immer, wo ich bin, das Werk des Grals verrichten kann?", so meint er damit, dass er den Gral nur in sich selbst finden kann. Die wichtigste Frage lautet deshalb: „Welche Qualität trägt der Heilige Gral in sich?"

Der Heilige Gral birgt die Qualität der Entwicklung im Sinne des Sohnes Gottes in sich. Das ist das Geheimnis! Es geht um die innere Reinigung.

Selbst den Heiligen Gral in sich zu finden bedeutet, in sich die Voraussetzungen zu schaffen, damit das göttliche Kind geboren werden kann. Das ist das Ziel jeder Gralsuche. Die Gralsritter haben das göttliche

Kind immer in sich selbst gesucht und daran gearbeitet, dass es geboren werden kann. Die Geschichten der Gralssuche beinhalten in einer esoterischen Deutung die verschiedenen Stufen dieses Weges.

Es gibt ein altes traditionelles Geheimnis der Baumeister der gotischen Kathedralen, das uns in zwei verschiedenen Versionen überliefert wurde bei. Beide tragen Aspekte der Gralssuche in sich:

Die erste Version lautet:
Drei Tafeln haben den Heiligen Gral getragen,
eine runde, eine quadratische und eine
rechteckige Tafel. Alle drei haben den
gleichen Flächeninhalt und ihre Zahl ist die 21.

In der Kathedrale von Chartres finden wir alle drei Tafeln mit dem gleichen Flächeninhalt. Sie bilden den Grundriss des ganzen Tempels vom Westportal bis zum Chor. Drei Tafeln tragen den Heiligen Gral und drei Tafeln tragen die Kathedrale von Chartres! Auf ihnen ist die Architektur der Kathedrale errichtet. Welch ein Hinweis!

Die Kathedrale ist im wahrsten Sinne des Wortes der Gralstempel unserer Zeit. Alle Stationen des Gralsweges sind in die große Kathedrale eingeschrieben! Immer ist es ein Weg der Transformation und Reinigung von der Dunkelheit in das Licht.

Wenn wir in der Kathedrale sind, werden wir durch den Tempel der drei Tafeln berührt. Noch gehen wir nicht selbst den Gralsweg. Das erste Geheimnis betrifft den Bau des Tempels, erst das zweite Geheimnis eröffnet uns den Weg.

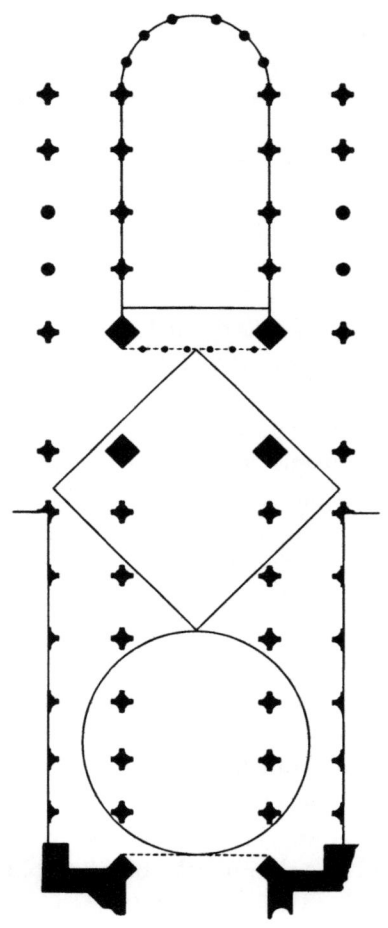

Abb. 3: Die drei Tafeln von Chartres

In der zweiten Version der Überlieferung steht folgendes:

Drei Tafeln tragen den Heiligen Gral,
die erste ist rund, die zweite quadratisch,
die dritte rechteckig. Sie haben den gleichen
Umfang, und ihre Zahl ist die 21.

Worin liegt nun der Unterschied zwischen diesen beiden Versionen? In der ersten Überlieferung ist es der gleiche Flächeninhalt, in der zweiten ist es der gleiche Umfang. Ich kann der Argumentation von Louis Charpentier nur folgen, wenn er beschreibt, dass die Tafeln gleicher Fläche den Tempel und damit die Kathedrale meinen, der Umfang dagegen den Einweihungsweg. Einerseits haben wir den Grundriss eines Gebäudes und andererseits eine Linie als Weg.

Wo finden wir diese drei Tafeln gleichen Umfangs, welche die Richtigkeit dieser Annahme bestätigen? Der erste Hinweis auf drei Tafeln gleichen Umfangs, den ich untersuchen möchte und der diese Annahme bestätigt, liegt nicht in der Kathedrale, sondern ist in eine Zeichnung von Leonardo da Vinci eingeschrieben.

LEONARDO DA VINCI UND DAS GEHEIMNIS DER DREI TAFELN VON CHARTRES

TEIL 1

Kaum ein Künstler wurde in den letzten Jahren so sehr mit dem Heiligen Gral in Verbindung gebracht wie Leonardo da Vinci. Wir wissen aus der Geschichte, dass er sich intensiv mit esoterischen Sachverhalten beschäftigt hat. Er wurde unter anderem als Großmeister eines Geheimordens genannt, der unmittelbar mit dem Gral in Verbindung stand.

In der Zeichnung, die ich meine, steht ein Mann in einem Kreis und in einem Quadrat. Es gibt kaum ein anderes in dieser Weise bekanntes Bild. Es wird vielfach als Symbol verwendet und ziert sogar die Rückseite einer Euromünze. Nur, welche Bedeutung trägt diese Zeichnung in sich?

Immer wieder wird die Zeichnung mit dem Goldenen Schnitt in Verbindung gebracht. Der Goldene Schnitt ist ein Mittel, das eine in der Natur vorkommende Harmonie nachahmt. Eine nahezu vollkommene Zeichnung muss den Goldenen Schnitt in sich tragen, da sie sonst außerhalb der Naturgesetze stehen würde. Auch ein Schmetterling trägt den Goldenen Schnitt in sich, aber niemand kommt auf den Gedanken, dass der Schmetterling dazu da ist, den Menschen auf diese Harmonieverhältnisse hinzuweisen. Genauso verhält es sich mit dieser Zeichnung.

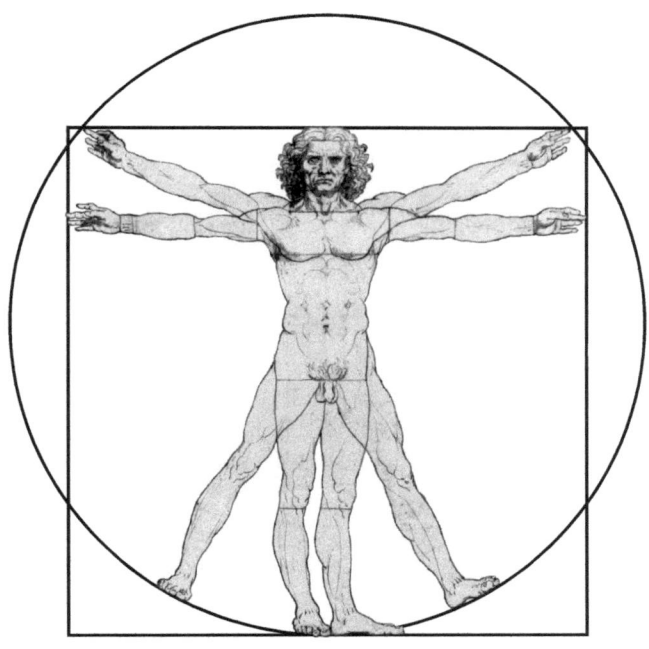

Abb. 4: Die Zeichnung von Leonardo da Vinci

In der Betrachtung dieser Zeichnung fällt auf, dass zwei der drei Gralstafeln aus den alten Überlieferungen zu sehen sind, der Kreis und das Quadrat. Wir werden erkennen, dass Leonardo da Vinci darin einen Schlüssel zum Verständnis der drei Gralstafeln verborgen hat. Er wusste sehr genau, warum er dieses Bild zeichnete. Wenn man nachrechnet, erkennt man viele Zusammenhänge.

Kreis (Durchmesser = 16,4 cm)

Fläche: Radius zum Quadrat x Kreiszahl pi = 211,20 cm²
Umfang: Durchmesser x pi ist 51,51 cm

Quadrat (Seitenlänge = 13,4 cm)

Fläche: Seitenlänge zum Quadrat ist 179,56 cm²
Umfang: Vier Seitenlängen sind 53,60 cm

In der Zeichnung, mit der ich arbeite, hat der Kreis einen Durchmesser von 16,4 Zentimetern und das Quadrat eine Seitenlänge von 13,4 Zentimetern. Auf den ersten Blick stimmen keine der beiden Versionen. Der Flächeninhalt divergiert erheblich und auch der Umfang ist nicht der gleiche.

Bevor ich dieses Thema genauer untersuche – und es gibt eine Lösung, welche die Überlieferung der drei Tafeln mit gleichem Umfang bestätigt –, stellt sich zunächst die Frage nach der rechteckigen Tafel. Leonardo da Vinci hat sie nicht eingezeichnet, und doch hat er einige Hinweise gegeben, die, wenn man danach sucht, nicht zu übersehen sind.

Zunächst ist es wichtig, festzustellen, dass das Rechteck in den Seitenlängen ein Verhältnis von eins zu zwei hat. Dies kann man in der Kathedrale nachrechnen und findet auch in dieser Zeichnung eine Bestätigung. Wenn man nun ein solches Rechteck mit der Breite der gespreizten Beine in die Zeichnung einfügt, erhält man genau den gleichen Umfang wie beim Quadrat!

Quadrat (Seitenlänge = 13,4 cm)

Fläche: Seitenlänge zum Quadrat ist 179,56 cm²
Umfang: Vier Seitenlängen sind 53,60 cm

Rechteck (Breite = 8,9 cm)

Fläche: Breite x Länge ist 158,42 cm²
Umfang: Zwei Breiten + zwei Längen = 53,40 cm

Die Differenz von 0,5 Millimetern auf der Seitenlänge, also 2 Millimetern für den gesamten Umfang, ist zu vernachlässigen, da es allein schon aufgrund einer Strichstärke von etwa 0,2 Millimetern nicht möglich ist, so genau zu messen. Auch die Seitenlänge des Rechtecks hat in der Originalzeichnung in dem Maßstab, den ich verwende, eine Differenz von etwa einem Millimeter. Daher sind genauere Rechnungen nicht möglich.

Eine weitere Bestätigung, dass Leonardo da Vinci die dritte Gralstafel sehr wohl in diese Zeichnung integriert hat, finden wir, wenn wir in der Länge des Rechtecks den Goldenen Schnitt einzeichnen.

17,8 cm (Länge): 1,618 (Goldener Schnitt) = 11,1 cm

Von oben nach unten 11,1 cm gerechnet, kommt man genau auf den am Becken eingezeichneten Strich. Da die obere Grenze des Rechtecks in dieser Zeichnung nicht sichtbar ist, der Goldene Schnitt aber dennoch diese obere Grenze anzeigt, ist das Rechteck im Hintergrund sehr wohl beabsichtigt, jedoch auf den ersten Blick unsichtbar. Diese Unsichtbarkeit hat eine tiefere Bedeutung, die ich später noch erklären werde.

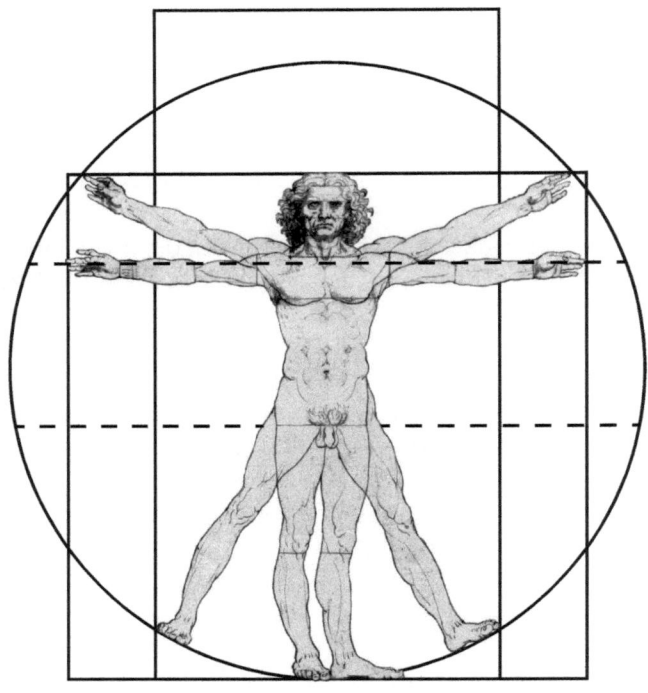

Abb. 5: Die Rechteck und der goldene Schnitt in der Zeichnung von Leonardo da Vinci

Die 11,1 cm werden wiederum durch den Goldenen Schnitt dividiert:

11,1 cm : 1,618 = 6,86 cm

Zeichnet man diese Linie ein, kommt man genau auf die Höhe der waagrecht ausgestreckten Hand, dort, wo die beiden Mittelfinger das Quadrat berühren.

Betrachten wir nun erneut die alte Überlieferung:

Drei Tafeln tragen den Heiligen Gral …
sie haben den gleichen Umfang …

Was ist der Heilige Gral, der in dieser Zeichnung von den drei Tafeln getragen wird? Natürlich der Mensch selbst! In dem Augenblick, wo wir die Qualitäten und Eigenschaften einer Tafel in uns verwirklicht haben, begleitet uns diese Tafel, und wir selbst haben einen Aspekt des Grals in uns verwirklicht.

Die Differenz des Umfangs zwischen dem Kreis und dem Quadrat hat einen tieferen Sinn; in ihr liegt ein großes Geheimnis verborgen. Auch das Quadrat mit gleichem Umfang findet sich in dieser Zeichnung. Dazu werde ich später mehr sagen.

Dieser Einweihungsweg ist in die Kathedrale von Chartres eingeschrieben. Er beginnt auf der runden Tafel, geht über die quadratische Tafel und endet auf der rechteckigen Tafel. Obwohl drei Tafeln, sind es doch vier große Einweihungen der vier Prinzipien, die der Wahrheitssucher im Laufe der Jahre erhält. Auch dazu werden wir in der Zeichnung von Leonardo da Vinci wichtige Hinweise finden.

DIE QUALITÄTEN DER DREI TAFELN

Das erste Prinzip für den Menschen ist unser Planet Erde. Hier leben wir, und alle Aspekte des physischen Lebens eines Menschen finden auf der Erde ihren Ausdruck. Die erste große Initiation ist damit die Einweihung in das Leben auf der Erde. Es ist die Annahme des Menschseins und die damit verbundene Aufgabe.

Die erste Lebensaufgabe, die jeder Mensch hat, betrifft seine Weiterentwicklung im Sinne der eigenen Göttlichkeit. Deshalb hat sich unsere Seele überhaupt in der Grobstofflichkeit inkarniert. Man könnte sagen, dass die Erde ein Ort der Weiterentwicklung, eine Schule der Seele ist. In uns selbst die Qualitäten des Sohnes Gottes zu wecken, können wir nur, wenn wir den Weg der Transformation und der Reinigung gehen.

In Chartres finden wir dieses erste Prinzip auf der runden Tafel, und die Einweihung erhalten wir im Labyrinth von Chartres. Dies ist der erste Teil des Weges. Erst, wenn diese Qualitäten des Labyrinths in uns selbst erwachen, stehen wir symbolisch auf dieser Tafel. Die runde Tafel und damit das Labyrinth werden gleich einer Landkarte in uns eingeschrieben. In Bezug auf die Praxis der nächsten Tafel werden wir nur dann

Erfolg haben, wenn wir die Praxis der runden Tafel bis zu einer gewissen Stufe verwirklicht haben.

Die runde Tafel ist die Grundlage, und die mit ihr verbundenen Qualitäten gehen natürlich nicht verloren, sondern bleiben auch weiterhin als Basis bestehen.

Grundsätzlich geht es die runde Tafel betreffend um die Innenschau. Hier liegen der Weg und der Prozess der inneren Reinigung. Ausdruck dieser Reinigung ist der Weg durch das Labyrinth bis in das Zentrum des Labyrinths.

Die zweite Tafel, das Quadrat, ist die Tafel der Ermächtigung. Hier finden wir das zweite und das dritte Prinzip für uns Menschen. Man kann sie als die Prinzipien des Lichts und der Dunkelheit beschreiben. Die Einweihungen der quadratischen Tafel führen den Menschen auf den Weg durch die Dunkelheit in das Licht. Natürlich gelten alle Ausführungen im gleichen Maße für die Frau wie für den Mann.

Hier sind es die Initiation in die Dunkelheit und in das Licht, welche den Priestern und den Meistern die Ermächtigung geben, selbst auf diesen Ebenen zu wirken.

Auf der quadratischen Tafel geht der Suchende selbst durch die Ebenen der Dunkelheit, um in das Licht zu gelangen. Er wird sich seiner Macht bewusst und beginnt, sein eigenes Leben selbst zu gestalten. Der Satz des Hermes „Wie oben, so unten!" wird nun Realität, da der Priester das Geheimnis der Dualität zu verstehen beginnt. Sonne und Mond, Feuer und Wasser, Yin und Yang, Licht und Dunkelheit oder, wie es Franz Bardon ausgedrückt hat, der elektrische und der magnetische Fluid – mit beiden Strömungen beginnt der Praktiker zu arbeiten.

In der Praxis erklärt die quadratische Tafel die bewusste Schulung des Willens, der Gedanken und der Gefühle. Gedankenbeobachtungen, Gedankenkonzentrationen, Sinnesübungen und viele Konzentrationsübungen mehr sind Praktiken der Selbstermächtigung.

Wieder finden wir in der Geometrie der Kathedrale einen wunderbaren Hinweis. Die Seitenlänge der quadratischen Tafel beträgt 23,19 Meter und damit ein Zehntel der Seitenlänge der großen Pyramide von Ägypten. Wenn wir diese Gemeinsamkeit konsequent durchdenken, beginnen wir zu erkennen, dass die großen Weisheiten der Eingeweihten aller Religionen einen gemeinsamen Ursprung haben. Natürlich war die große Pyramide von Gizeh ein heiliger Ort der Einweihung aus alten Zeiten und keine Begräbnisstätte.

Wie wir wissen, fanden die Baumeister der Kathedrale die geheimen Aufzeichnungen im heutigen Israel im Land der Hebräer. Die alten Propheten dieses Volkes wurden in der spirituellen Lehre Ägyptens unterrichtet. Auch Jesus war in den ersten Jahren seines Lebens dort, als seine Eltern vor Herodes flüchteten. Diese sieben Jahre bedeuten symbolisch die Einweihung. Die Einweihungslehre von Hermes/Thot war die erste Grundlage für das Wirken Jesu. Deshalb geschah dies der Legende nach in seiner Kindheit.

Die Adepten der Templer wussten von der Geschichte der drei abrahamitischen Religionen, des Judentums, des Christentums und des Islam. Alle drei haben ihren Ursprung in Ägypten.

Aus diesem Grund ist die Gemeinsamkeit der Seitenlänge der Pyramide und der quadratischen Tafel eine Weiterführung der Einweihungslinie. Auf geistiger

Ebene erhebt sich, von der quadratischen Tafel in Chartres ausgehend, eine Pyramide nach oben in das Licht und eine Pyramide nach unten in die Dunkelheit.

Wieder erkennen wir in der Kathedrale einen Ort, in dem die Tradition der Einweihungen auf eine lange Zeit zurückblickt. Die in die Natur eingeschriebene Weisheit hat sich auf der Erde nicht verändert. Die Grundlage der Architektur von Chartres war die Hermetik. Diese königliche Wissenschaft birgt die Weisheit von Hermes Trismegistos, dem „dreifach Großen" in sich und eine ihrer wichtigsten Grundlagen lautet: „Erkenntnis der Natur und des darin sich offenbarenden großen Gottes!"

Die Grenze zwischen der quadratischen und der rechteckigen Tafel ist der sogenannte Lettner. Er trägt in sich die Qualität des letzten Durchgangs, wenn der Suchende alle Verbindungen kappt und nackt auf die letzte Tafel tritt.

Der dritten Tafel liegt das vierte große Prinzip zugrunde, das Universum selbst. Neben unzähligen Aspekten dieses Prinzips finden wir vor allem im Polarstern das Symbol der absoluten Zentriertheit. Wenn wir die Erdachse vom Süd- zum Nordpol weiterführen, kommen wir zum Polarstern. Aus diesem Grund finden wir im Symbol des Polarsterns die nötige Zentrierung im Menschen selbst.

Die rechteckige Tafel gleicher Fläche ist identisch mit dem Chor von Chartres. Hier findet der Meister die letzte Einweihung, die in der Kathedrale möglich ist. In den Initiationen der letzten Tafel steht der Mensch auf den drei Tafeln und hat den Heiligen Gral gefunden – in sich selbst.

In der Geometrie finden wir wieder die Besonderheit, dass die Proportionen des Chors identisch sind mit denen der Königskammer in der großen Pyramide von Gizeh. Länge, Breite und Höhe stehen in Frankreich wie in Ägypten im Verhältnis von 2 zu 1 zu 1,117. Wie in Chartres die rechteckige Tafel der Ort der letzten Einweihung ist, erfuhren die Meister Ägyptens die letzte Initiation in der Königskammer.

Die Baumeister der Templer begannen im geometrischen Zentrum der rechteckigen Tafel mit dem Bau der Kathedrale. Dort stand die erste Säule, welche durch den Schatten, den sie warf, den Beginn der Bauarbeiten lenkte. Ebenso finden wir den Siebenstern, das Symbol der sieben Schöpfermächte, als Grundlage der Architektur. Die Verlängerungen der sieben Spitzen führen zu den markantesten Punkten in der Kathedrale. Wieder bestätigen die Mathematik und die Geometrie die Qualität der rechteckigen Tafel.

EIN INSTRUMENT DER SEELE

Jedes Mal, wenn ich in der Kathedrale war, verzauberten mich die unzähligen Farben in den Fenstern. Es ist bis heute ein Geheimnis, wie es den Baumeistern möglich war, das blaue und das rote Glas in dieser Intensität und Farbenpracht herzustellen. Selbst wenn die Sonne direkt auf das Fenster scheint, wird der Betrachter nicht geblendet, sondern die Farben beginnen zu strahlen. Ein dunkles Blau leuchtet im gleichen Maße wie ein helles Gelb und ein sattes Rot. Oft saß ich vor einem Fenster, und es kam mir vor, als ob ich die Farben wie ein Schwamm in mir aufsöge.

In der Malerei gleicht das Mischen der Farben dem Komponieren eines Akkords in der Musik. In einem Bild zusammengefügt, klingen diese Farben wie ein Musikstück, diesmal nicht für die Ohren und damit in der Dimension der Zeit, sondern für die Augen und somit in der Dimension des Raumes. Wie Musik wirken die Farben auf den ganzen Körper. Der Gang durch die Kathedrale gleicht einem Weg durch eine Farbenwelt, die feinstofflich unseren Körper und unsere Seele in Schwingung bringt. Zusammen mit der Architektur im Inneren des Tempels, klingen die Farben wie ein Musikstück, dessen Klänge nicht hörbar für unsere Ohren unsere innersten Zellen berühren.

Die Höhe im Inneren der Kathedrale wird immer wieder von Gesimsen, Kapiteln, Gewölbeansätzen, Spitzbögen der Seitenschiffe usw. unterteilt. Jedes dieser Maße folgt auch hier einem kosmischen Gesetz, welches durch die Harmonielehre in der Musik ihren Ausdruck findet.

Da in der Musik die Schwingung eines Tones messbar ist – der Kammerton „a" schwingt heute auf 440 Hertz – , ist es natürlich möglich, den Abstand zwischen zwei Tönen auszurechnen. Das Besondere ist nun, dass die Intervalle – ein Intervall ist der Abstand zwischen zwei Tönen – in den Unterteilungen der Höhe der Kathedrale im Inneren wiederzufinden sind. Viele dieser architektonischen Besonderheiten hat Louis Charpentier in seinem wunderbaren Buch *Die Geheimnisse der Kathedrale von Chartres* beschrieben.

In der Kathedrale sind die Farben eingebunden in die Harmonie der Musik. Zusammen erkennen wir, dass dieser Tempel wie ein kosmisches Musikinstrument klingt. Herman Hesse würde es ein „Glasperlenspiel" nennen, wo die Musik, die Malerei, die Architektur, die Mathematik und die Geometrie zusammenklingen und in einer wunderbaren Fuge der Künste das Innere im Menschen zum Singen bringt – durch die Einschwingung auf die Liebe, die Weisheit und die Macht.

Die Fensterbilder sind unendlich mehr als nur alte Geschichten, die in Bildform erzählt werden – über die Formen und Farben werden hohe Qualitäten in uns geweckt! Jedes der über 180 Fenster erzählt eine Geschichte, die jene inneren Qualitäten in uns zum Erwachen bringt, die wir auf dem Weg zu Gott erfahren können. Später werde ich auf die Darstellungen der drei großen Fensterrosen mit den dazugehörigen Längsfenstern näher eingehen, da sie unmittelbar mit den drei Tafeln zusammenhängen.

Die meisten Fenster stammen aus dem 12. und 13. Jahrhundert. Es gibt einige Bildbände, in denen die Motive sehr schön zu sehen sind. Viele Motive kennen wir aus der Bibel. Manche Geschichten weichen aber von der offiziellen Darstellung der Kirche ab. So erzählt das Fenster der Maria Magdalena – es ist das zweite große Fenster auf der rechten Seite nach dem Eingang – von ihrer Ankunft nach dem Tod Jesu in Frankreich, wo sie als Priesterin und Einsiedlerin gelebt hat. Auch die Zigeuner kennen eine Geschichte der drei Marien, Maria Magdalena, Maria Kleophae (die Mutter von Jakobus dem Jüngeren) und Maria Salome (die Mutter der Apostel Jakobus und Johannes), die in Frankreich einem Schiff entstiegen. Sie wurden von Sara, der Ägypterin, begleitet. Für die Zigeuner ist Sara la Kali, also Sara die Schwarze, eine der großen Schwarzen Madonnen.

Auf einem weiteren Fenster entdecken wir die zwölf Tierkreiszeichen. Natürlich wussten die Adepten der Templer von der königlichen Kunst der Astrologie, die lange Zeit eine geheime Wissenschaft war.

Ein wunderschönes Fenster ist auch die blaue Madonna. Alle diese Bilder sind nicht nur einfach Darstellungen, die ganz schön sind und als Kunstwerke historisch in die Zeit der Gotik fallen. Jedes Fenster ist mit hohen Qualitäten verbunden, und die Kunst stand immer im Dienste des Höheren. Die Fenster sind Altäre, die durch das Licht beginnen, zu strahlen und auf den Menschen zu wirken.

Leider haben Bischöfe im 18. Jahrhundert einige Fenster im Bereich des Chors ausgetauscht, angeblich, damit man sie im Tageslicht besser sehen konnte. Der Hauptgrund scheint mir aber ein anderer zu sein und mit der Frage zusammenzuhängen: „Was war der Inhalt dieser Fenster?!" Ich glaube, dass die Darstellungen auf diesen Fenstern mit der offiziellen Kirchenpolitik nicht übereinstimmten und die Fenster daher entfernt wurden!

Ich bin mir nicht sicher, ob die Fenster zerstört wurden. Vielleicht liegen sie in einem Keller verborgen und warten darauf, wieder in die Kathedrale eingesetzt zu werden.

LEONARDO DA VINCI UND DAS GEHEIMNIS DER DREI TAFELN VON CHARTRES

TEIL 2

Die Baumeister von Chartres haben ein Maß errechnet, welches der Entfernung zweier Längengrade auf der Höhe des Breitengrades, wo die Kathedrale steht, entspricht. Die Entfernung zweier Meridiane beträgt auf der Höhe von Chartres 73,8 Kilometer. Chartres liegt bei etwas mehr als 48 Grad nördlicher Breite. Schon die Babylonier haben die Erde in 360 Grad eingeteilt; das Wissen um die Kugelgestalt der Erde ist so alt wie die Menschheit und nicht erst einige hundert Jahre alt. Aus diesen Berechnungen ergibt sich das erste Maß der Architektur der Kathedrale: 0,738 Meter. Es ist dies die sogenannte Elle von Chartres.

Vergleiche mit den Maßen in der Kathedrale ergeben immer ein Vielfaches dieser Elle. Einige Beispiele sind:

Chorbreite	*20 Ellen 14,76 m*	
Chorlänge	*50 Ellen 36,91 m*	
Länge des Schiffes		
(ohne Chor)	*100 Ellen*	*73,82 m*

Dieses Maß lässt sich noch auf eine weitere Weise errechnen, indem man nämlich die Seitenlänge der quadratischen Tafel durch 10 *pi* dividiert.

23,192 : 10 pi = 0,7382 m

In dem Wissen, dass die Erde auf dem Hügel von Chartres in Verbindung mit dem Erdzentrum eine eigene Schwingung in sich trägt, die nur hier vorkommt, haben die Baumeister dieses Grundmaß gewählt. Dies ist das Maß des Raumes.

Das zweite Maß ergibt sich aus diesem ersten Maß. Aus ihm errechnet sich die Grundfläche, es ist das Maß der Fläche. Diese Zahl ist 0,82 Meter. Wieder kommt man auf dieses Maß durch einen Bezug auf die Erde: Die Entfernung zweier Längengrade am Äquator beträgt 111 Kilometer, und dieses Maß, verbunden mit der Elle von Chartres, ergibt das zweite Maß von Chartres.

0,738 m x 1,11 m = 0,82 m

Eine geometrische Bestätigung dieser beiden Zahlen finden wir in einem rechtwinkligen Dreieck mit einer Seitenlänge von einmal 7,38 und einmal 8,2 Zentimeter. Dies ergibt genau einen Winkel von 48 Grad zur Hypotenuse. Wieder stoßen wir auf den Breitengrad von Chartres.

Viele Beispiele lassen uns erkennen, wie sehr die Kathedrale von Chartres mit den großen Lehren aus aller Welt und den Himmelskörpern zusammenhängt und korrespondiert.

Die Gravitationslänge eines Himmelskörpers ist die geringste Ausdehnung, die er erreichen kann, bevor er in sich zusammenfällt. Die Gravitationslänge der Sonne beträgt 1476 Meter. Ab dieser Größe wird die Sonne unsichtbar und die Anziehungskraft wäre so groß, dass sogar das Licht angezogen würde und diesen Himmelskörper nicht mehr verlassen könnte. Wir kennen dieses Phänomen als „Schwarzes Loch".

Folgender Vergleich zeigt uns einen ganz besonderen Zusammenhang auf:

Gravitationslänge der Sonne	*1476 m*
Höhe der Cheops-Pyramide	*147,6 m*
Chorbreite der Kathedrale	
von Chartres	*14,76 m*

Die gleiche Zahl ergibt sich, wenn man den Durchmesser der Erde durch die Anzahl der Jahre eines Dvapara Yuga in der indischen Zeitrechnung teilt. Wieder finden wir darin die Chorbreite von Chartres. 14,76 Meter sind zugleich der zehnmilliardste Teil der Entfernung zur Sonne.

12 756 326 m : 864 000 Jahre = 14,764 m

Wenn wir den Erdumfang durch das Krita Yuga teilen, kommen wir auf die Seitenlänge der quadratischen Tafel:

40 075 180 m : 1 728 000 Jahre = 23,192 m

Es gäbe noch viele Beispiele mehr.

Aus der ersten Betrachtung der Zeichnung von Leonardo da Vinci wissen wir, dass alle drei Tafeln des Heiligen Grals in die Zeichnung eingeschrieben sind. Erneut geht es um die drei Tafeln des gleichen Umfangs, die den Weg auf den Tafeln gleicher Fläche beschreiben! Der Umfang der drei Tafeln ist:

die runde Tafel	*51,51 cm*
die quadratische Tafel	*53,60 cm*
die rechteckige Tafel	*53,40 cm*

In der Betrachtung der Zeichnung fällt der quergestellte linke Fuß auf, wo der große Zeh den Kreis wie das Quadrat berührt. Leonardo da Vinci hat hier eine Verbindung zwischen den beiden geometrischen Figuren eingezeichnet.

Wenn man nun ein zweites, kleineres Quadrat mit genau der Differenz des großen Zehs einzeichnet, erkennt man plötzlich, dass diese Differenz des großen Zehs auch in den Fingerstellungen zu finden ist. Leonardo da Vinci hat in einer verborgenen Form ein zweites Quadrat, etwas kleiner als das erste, eingezeichnet.

Nun liegt der Gedanke nahe, den Umfang dieses kleineren Quadrats mit dem Kreis zu vergleichen. Die Seitenlänge des kleineren Quadrats beträgt ca. 12,87 cm. Wenn man nun dieses Quadrat einzeichnet und den Umfang mit dem des Kreises vergleicht, erkennt man, dass er wirklich identisch ist. Der Umfang des kleineren Quadrat entspricht, ausgehend vom großen Zeh, dem Umfang des Kreises.

Welche Bedeutung haben nun diese beiden Quadrate? Wenn man sie mit dem Einweihungsweg in der Kathedrale vergleicht, fällt zunächst auf, dass auf der quadratischen Tafel zwei kosmische Prinzipien ihren Platz haben. Es sind dies zwei geistige Pyramiden, eine in die Dunkelheit und eine in das Licht.

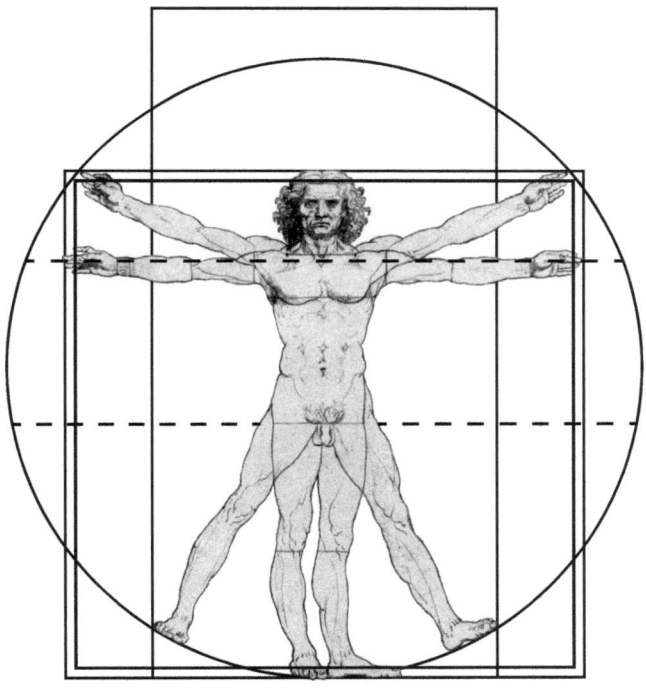

Abb. 6: Das zweite Quadrat in der Zeichnung von Leonardo da Vinci

Genau diese Entsprechung haben auch die beiden Quadrate in der Zeichnung von Leonardo da Vinci. Das große, sichtbare Quadrat ist das Quadrat in das Licht (Feuer), das unsichtbare, verborgene Quadrat ist das Quadrat in die Dunkelheit (Wasser).

Kreis (Durchmesser = 16,4 cm)

Umfang: Durchmesser x pi = 51,51 cm

Kleines Quadrat (Seitenlänge = 12,87 cm)

Umfang: Vier Seitenlängen sind 51,48 cm

Folgende Frage ist noch zu beantworten: „Wo liegt die Verbindung zwischen dem Feuer und dem Wasser?"
Es gibt eine Erklärung dieser Verbindung und sie birgt einen Schlüssel zu großer Weisheit. Dieses Geheimnis hat Leonardo da Vinci in seiner Zeichnung verborgen. Es handelt sich hierbei um das dritte Maß von Chartres.

Louis Charpentier schreibt über das berühmte dritte Maß von Chartres:

Ein Modul der dritten Ordnung habe ich nicht gefunden. Aber ich bin mir sicher, dass es diese Ordnung gibt. Sie hat vielleicht kein in messbaren Längen ausdrückbares Maß, sondern ist in die beiden anderen eingefügt. Die dritte Ordnung überwindet den Widerstand, die Trägheit der Materie und führt hinüber in lebendige Bewegung, in Zeitprozesse, in die vierte Dimension ... Die Ordnung des dritten Maßes – sie wird mit der Erdrotation zusammenhängen – ist nicht leicht zu dechiffrieren. Wahrscheinlich hat der Baumeister auch hier einen sichtbaren „Schlüssel" hinterlassen. Es wäre der Schlüssel, mit dessen Hilfe die Tore eines Königreiches geöffnet werden könnten, indem zwischen den Bewegungen von Erde und Kosmos Einklang herrscht.

Diese dritte Ordnung gibt es und man findet sie in der Kathedrale. Es ist, ganz wie Charpentier es geahnt hat, ein Maß, das die Spannung zwischen dem Raum und der Zeit ausdrückt. Hier finden wir einen Schlüssel zum Verständnis der dritten Dimension, in welcher die Menschheit auf der Erde lebt.

Das Königreich, welches wir öffnen können, liegt in uns selbst. Der Einklang zwischen der Erde und dem Kosmos ist seit jeher gegeben, nur der Mensch stellt sich selbst außerhalb der Schöpfung. Die Eingeweihten aller Völker wissen schon seit Tausenden von Jahren von dieser besonderen Zahl und haben sie in ihre Einweihungssysteme integriert.

Das dritte Maß ist keine feste Größe, sondern diese Zahl drückt einen Multiplikations- und Divisionsfaktor aus. Obwohl ich sie hier als absolute Zahl aufschreibe, bringt sie eine Unschärfe von etwa ein bis drei Zehntausendstel. Diese Unschärfe kommt daher, dass sie eher einer Schwingung gleicht, die in dieser Frequenzbreite eine Spannung ausdrückt. Darin liegt auch das Geheimnis, weshalb die Zeit in der Kathedrale anders verläuft.

So liegt im dritten Maß von Chartres die Spannung zwischen der Zeit und dem Raum verborgen, wie wir sie in unserem Sonnensystem leben.

Das dritte Maß von Chartres

Das dritte Maß von Chartres ist, in Zahlen ausgedrückt, etwa 1,0136 – 9. Diese Zahl ist in die Kathedrale eingeschrieben und wir finden sie vor allem in den drei Tafeln des Einweihungsweges.

Die Zusammenhänge der heiligen Zahl mit der Architektur, der Musik, der Mathematik und der Geometrie sind nie abstrakt, sondern zielen immer auf die notwendige spirituelle Entwicklung in jedem einzelnen Menschen. In unserem Verständnis, als Zahl aufgeschrieben und nachvollziehbar, birgt sie die Erklärung der Entwicklung der Menschheit.

DIE ZIGEUNER

Auch die Zigeuner waren es, die mich auf die Kathedrale und das große Labyrinth aufmerksam gemacht haben. In den Büchern von Pierre Derlon fand ich viele Aspekte meiner eigenen Faszination für diesen heiligen Tempel wieder. Abseits der Konventionen und Regeln trafen sich die Zigeuner zu früheren Zeiten und wahrscheinlich auch jetzt noch in der Kathedrale und hatten ihre eigene Form der Verehrung der Schwarzen Madonna.

Im Mittelalter wurden die Zigeuner „Ägypter" genannt, sie selbst nannten sich Prinzen aus Klein-Ägypten. Für sie ist in der Anlage von Chartres das ganze Universum enthalten. Pietro Hartiss, ein Meister der Zigeuner, sprach folgende Worte zu Pierre Derlon in der Kathedrale von Chartres:

Du bist jetzt ein Baum inmitten eines Waldes aus Steinen; die Männer, die ihn errichtet haben, sind längst vergessen. Die Baumeister des Mittelalters waren große Reisende, wie wir Zigeuner. Versuche, dir einen Weg zu bahnen, jetzt, auf dem Boden, auf dem wir stehen. Du bist begnadet, wenn du den Pfad findest, der zur Quelle führt, denn es gibt keinen Wald ohne Wasser, und der Wald, in dem wir gehen, hat seinen Ursprung in den Quellen der Erde. Es ist ein wenig,

wie wenn wir auf dem Leib unserer Mutter umhergingen,
doch ohne sie dabei mit den Füßen zu treten, weil wir eins sind
mit dem, was wir sind.

Diese Zeilen tragen in ihrer wunderschönen Melodie viel von der Weisheit der Kathedrale in sich. Bei einem Besuch in Chartres stand ich zusammen mit einer Freundin auf dem Labyrinth. Einige Zeit vorher, als wir hineingegangen waren, herrschte noch regnerisches Wetter und der Himmel war bewölkt. Plötzlich beobachteten wir einen hellen Lichtfleck, der auf der Decke langsam wanderte. Während wir in der Kathedrale meditierten, begann die Sonne zu scheinen und schickte uns ein Licht in die Kathedrale. Einige Zeit später trafen wir beim Eingang eine Zigeunerin, die um Almosen bettelte. Als sie uns erblickte, begann sie über das ganze Gesicht zu lächeln, zeigte auf die Sonne und gab uns zu verstehen, dass die Sonne uns segnete. Sie schenkte uns einen Gruß des fahrenden Volkes.

Eine andere liebe Freundin hat über das Labyrinth vor einigen Jahren folgende Worte geschrieben, die mich sehr an die Zigeuner erinnert haben:

Das Labyrinth ist ein Symbol der Erde,
die Gebärmutter der Seele
und der Platz des Tanzes.

Unter den Zigeunern gab und gibt es Eingeweihte. Immer wieder musste ich an sie denken, wenn ich durch die Kathedrale ging und mir bewusst wurde, dass sie sich schon seit Hunderten von Jahren, seit die Kathedrale steht, bei der Zigeunersäule in der Kathedrale von Chartres treffen.

Nach einem Besuch in der Krypta ließ ich mich gemeinsam mit einer Freundin dort einsperren, um diese heiligen Räume in der Stille zu erfahren. Für eine Meditation gingen wir in die Krypta des Heiligen Lubinus. Genau unter dem Chor ist dieser Raum noch um über zwei Meter tiefer als die Krypta selbst.

Seit vielen Jahren ist in dieser Krypta ein Teil des Schädelknochens des Lubinus aufbewahrt. Was ich damals noch nicht wusste, war, dass er als Kabbalist einer der großen Meister von Chartres war. Die Baumeister der Templer haben ihn als Adepten erkannt und ihm das Fenster neben dem Noah-Fenster gewidmet. Dort wird seine Geschichte erzählt, wie er Kabbalist wurde und in Chartres gewirkt hat.

Diese Meditation in der Krypta war für uns beide ein großes Erlebnis. Wir erfuhren während dieses Rituals, dass Kräfte des Buddhismus und der Maya wunderbar neben den meisten des Christentums und der Kelten Platz haben. Später waren wir noch bei einer Messe bei der Schwarzen Madonna dabei. Sie wird heute von vielen Menschen hoch geehrt.

Die Krypta ist in allen Kathedralen ein Ort der Dunkelheit. Nur jemand, der auch durch diese Ebenen geht, wird sich selbst erkennen können. Ohne diesen Weg durch die Dunkelheit ist dies nicht möglich. Der bewusste Schritt in die Dunkelheit hat zur Folge, dass wir uns unschöner Eigenschaften wie Neid, Eitelkeit, Eifersucht usw. bewusst werden. Sie sind es, die uns daran hindern, in das Licht zu kommen. Auch Orpheus ist durch die Unterwelt gegangen, um in seine eigene Kraft zu gelangen.

Kranke und leidende Menschen pilgern regelmäßig zu Orten der Schwarzen Madonna und bitten um

Heilung, die auch immer wieder geschieht. Viele Krankheiten haben sich die Menschen durch ihr Leben selbst geschaffen. Wieder sind es die Gedanken, Worte und Taten in diesem oder in einem der vorherigen Leben.

Zur Zeit der Bautätigkeiten in der Gotik gab es drei verschiedene Bruderschaften, welche die Kathedralen, so auch Chartres, gebaut haben. Ihre Namen waren: Enfants du Pére Soubis, die Kinder des Vaters Soubis, Enfants de Maítre Jacques, die Kinder des Meister Jakob, und Les Enfants de Salomon, die Kinder Salomons.

Einige Hinweise deuten darauf hin, dass die Baumeister von Chartres in der Bruderschaft von Salomon waren. Die Namen der großen Baumeister, und es müssen mehrere gewesen sein, sind offiziell nicht bekannt. Sie haben ihr Werk in der Stille vollbracht und sich anschließend zurückgezogen. Man findet in Chartres keinen einzigen Namen eines Baumeisters.

Bis heute ist nicht geklärt, woher das Wort „Gotik" wirklich stammt. Mit dem Namen des vorangehenden Zeitalters, der „Romanik", kann man eine schöne Brücke zu den Römern bauen. Mit dem Wort Gotik ist diese Form der Zuordnung nicht möglich. Ich möchte drei verschiedene Erklärungsansätze nennen. Ar-Goat kommt aus dem Keltischen und bedeutet übersetzt „Land der Bäume". Typisch am gotischen Baustil sind die Spitzbögen. Sie verlangen vom Menschen, dass er aufrecht – gleich dem Symbol des Pentagramms – unter dem Spitzbogen steht. In den Spitzbogen an der Decke der Kathedrale von Chartres passt geometrisch genau ein Pentagramm. Aufrecht steht der Mensch in seiner Kraft und vor allem in seiner Würde. Ohne diesen Respekt vor sich selbst ist eine spirituelle

Weiterentwicklung nicht möglich. Die Gotik verlangt die Selbstständigkeit, in die der Mensch gelangen kann, und nicht das Abgeben sämtlicher Verantwortung. Dieser Weg in die eigene Kraft wird von den Spitzbögen gefördert und gefordert.

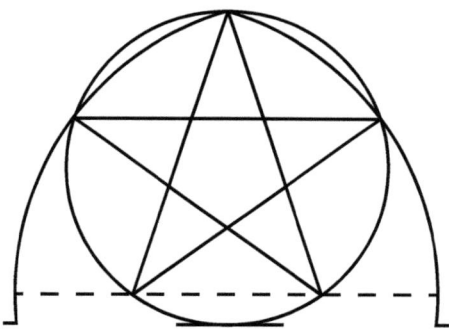

Abb. 7: Das Pentagramm unter einem gotischen Spitzbogen

Wenn man durch eine Baumallee geht und in die Höhe blickt, erkennt man die Ähnlichkeit der Spitzbögen mit dem Zusammenwuchs der Bäume. So gesehen ist das Wort Ar-Goat eine direkte Brücke zwischen den Heiligen Wäldern der Kelten und den gotischen Kathedralen.

Im Griechischen ist das Wort Gotik verwandt mit Zauberei, Zauberern und dem Zaubern. Die griechischen Säulen sind stilisierte Bäume. Früher gab es auch in Griechenland den Hain der Bäume, ganz wie im Norden Europas.

Schließlich vergleicht der Alchemist Fulcanelli das Wort Gotik mit dem Wort „Argot". Und dies ist nun der Name einer ursprünglichen kabbalistisch-alchimistischen Geheimsprache.

Alle drei Erklärungen weisen darauf hin, dass eine gotische Kathedrale die Tradition der alten Meister weiterführt, wo wir an einem heiligen Ort wie durch Zauberei berührt werden und in uns ein alchemistischer Vorgang beginnt, der uns immer näher zu Gott und damit zu Liebe, Weisheit und Macht führt.

Die ersten großen Baumeister der Templer waren die zehn fahrenden Ritter. Viele Verbindungen, die es zur Zeit ihres Aufenthaltes in Jerusalem sicher gegeben hat, die aber häufig vergessen werden, sind Kontakte zu den Eingeweihten des Islam, den Sufis. Diese Meister der früheren Zeiten wie Fariduddin Attar oder Ibn El-Arabi sind in der westlichen Welt nahezu unbekannt. Es ist unbestritten, dass die Templer und damit alle Logen und Orden, die daraus entstanden sind, einen Großteil ihres Wissens von den Magiern und Alchimisten des Morgenlandes erhalten haben.

Aus der Tradition der Baumeister, welche bis auf König Salomon und Hieram zurückgeht, entstand der Orden der Freimaurer. Den groben Stein zu glätten, war und ist für die Freimaurer die Arbeit an der eigenen Persönlichkeit, und den Tempel Gottes in sich selbst zu bauen war ihre ursprüngliche Absicht. Mit den Werkzeugen, die wir aus dem Bauhandwerk kennen –

dem Zirkel, dem Winkel und der Waage – arbeitet der Freimaurer symbolisch an sich selbst.

Mit dem Untergang der Templer endet zugleich der Kathedralenbau in der Gotik.

Damit geht eine nicht ganz zweihundert Jahre dauernde Hochblüte des Tempelbaus in Europa zu Ende. Auf mysteriöse Weise waren plötzlich Zehntausende von Handwerkern, Bildhauern und Baumeistern erschienen, die Hunderte von Tempeln bauten und genauso plötzlich wieder verschwanden, wie sie gekommen waren. Dass dies erst in jüngerer Zeit in Europa geschehen ist, macht es nicht weniger geheimnisvoll. Die Krönung der gotischen Einweihungstempel steht in Chartres.

DAS TOR ZU EINEM
EINWEIHUNGSWEG

Die besondere Qualität der Kathedrale haben die Baumeister direkt über dem Haupteingang, in den Skulpturen des sogenannten Westportals, für die Menschen, die sie besuchen, zusammengefasst. In nur drei Darstellungen über den drei Eingängen wird von der Entwicklung im Menschen erzählt. Wir erkennen die Geburt des göttlichen Kindes und den Weg zur Meisterschaft. Die Botschaften sind eindeutig, wir müssen nur verstehen, sie zu lesen, dann erkennen wir, weshalb diese Kathedrale gebaut wurde. Alle Figuren am Westportal unterstützen drei große Darstellungen über den Eingangstoren. Die großen Steinfiguren stehen alle auf einer Säule und stellen Heilige älterer und jüngerer Zeit dar.

Die Steinaltäre früherer Zeit, beispielsweise die Menhire, waren nicht ausschließlich Fruchtbarkeitssymbole, wie oft angenommen wird. Natürlich waren auch sie verbunden mit Qualitäten verschiedenster geistiger Wesenheiten. So wie mancher Bildhauer davon spricht, dass er aus einem Grundstein die Figur herausarbeitet, die er schon zuvor darin gesehen hat, verlieh man im Mittelalter den Steinaltären die Figur der dargestellten Personen. Man könnte diese

Statuen die „Menhire", also die Steinaltäre des Mittelalters nennen.

Mit den Säulen in der und um die Kathedrale hat es eine besondere Bewandtnis. Im Norden wie im Süden Europas gab es den Heiligen Hain. Der Eichenhain ist zum Inbegriff eines keltischen Tempels geworden. Der wirkliche Hain der Druiden lag aber auf geistiger Ebene. Dort verbanden sich die Druiden mit den Geheimnissen der Einweihungslehre. In Griechenland hat man nun versucht, geistige Haine durch Tempelhallen wie die Akropolis auf der Erde darzustellen, um die hohen Qualitäten für die Menschen spürbar zu machen. Jede dieser Säulen soll einen stilisierten Baum auf geistiger Ebene darstellen.

Die Figuren bei den Eingängen stehen auf Säulen und weisen uns darauf hin, dass diese Meister aus der geistigen Welt, aus ihrem „Hain", auf die Menschen wirken, die durch die verschiedenen Tore in die Kathedrale gehen wollen.

Kaum eine Säule gleicht einer anderen und jede einzelne ist mit den Qualitäten der dargestellten Heiligen verbunden.

Über dem rechten Tor des Westportals findet sich eine Darstellung von Maria mit dem jungen Jesus auf dem Schoß, umgeben von zwei Engeln.

Ich habe über das Mysterium der jungfräulichen Geburt und über die Geburt des Jesuskindes in Bethlehem schon geschrieben. Wieder erzählt diese Skulptur vom Mysterium der Geburt des göttlichen Kindes in jedem einzelnen Menschen. Die große Kathedrale birgt in sich die Qualität der Reinigung als Vorbereitung dieses Mysteriums.

In der Mitte sitzt Jesus in einem Symbol der Fischblase, Mandorla oder Vesica pisces, wie es auch genannt wird. Er ist umgeben von den vier Wesenheiten der Sphinx. Diese vier Wesenheiten symbolisieren die Elemente. In der linken Hand hält Jesus das Buch der Weisheit.

Vor einigen Jahren erfuhr ich durch ein sehr eindrückliches Erlebnis, welche Qualität das Symbol der Fischblase hat. Ich war zu Besuch bei einem Freund und übernachtete in der Natur. Nachdem wir uns am Abend noch für einige Zeit unterhalten hatten, ging ich in völliger Dunkelheit zu meiner Unterkunft. Wir wohnten damals in Holzhütten, die keinen Stromanschluss hatten. Da ich müde war, legte ich mich sofort schlafen.

Kurze Zeit danach öffnete sich plötzlich vor mir aus dem Nichts genau dieses Symbol der Mandorla. Während ich selbst in meinem Schlafsack lag, sah ich in der Fischblase (sie war etwa zwei Meter hoch) eine Landschaft mit einem Fluss und einem Berg im Hintergrund. Dort war es mitten am Tag. Zugleich stand dort ein Mann, der mich durch dieses Symbol neugierig und verwundert ansah. Die Kleidung des Mannes erinnerte mich an vergangene Zeiten. Sie können sich vorstellen, dass ich ziemlich erschrocken war, da ich mit so etwas überhaupt nicht gerechnet hatte.

Dieses Bild in der Fischblase und die Landschaft mit diesem Mann sah ich nur kurze Zeit, und doch blieben sie mir eindrücklich in Erinnerung. Es war so wirklich wie alles andere, was ich in der Physis erlebt habe. Immer wieder habe ich darüber nachgedacht, welche Bedeutung diese Mandorla hat. Erst einige Zeit später habe ich für mich erfahren, was wirklich dahinter verborgen liegt und wie universell dieses Symbol ist.

Die Fischblase entsteht, wenn zwei Kreise sich überschneiden. Ein Kreis steht für meine Wirklichkeit, also den Raum und die Zeit, wie ich sie in meinem jetzigen Leben auf der Erde wahrnehme. Der zweite Kreis spiegelt die Wirklichkeit des Mannes, der mich anblickte. Dieses Erlebnis war nichts anderes als die kurzzeitige Auflösung der Zeit und des Raumes. Ich habe, so glaube ich jedenfalls, in die Vergangenheit und der Mann hat in die Zukunft geblickt. Unsere beiden Wirklichkeiten haben sich für kurze Zeit überschnitten. Ich habe in der Mandorla seine Welt gesehen und umgekehrt er meine. Dass die Zeit und der Raum keine fixen Größen sind, wissen wir seit langem. Erlebnisse von zahlreichen Menschen bestätigen dies.

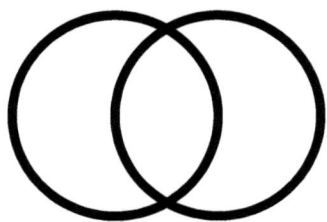

Abb. 8: Das Symbol der Mandorla

Die Skulptur von Jesus in der Mandorla am Westportal von Chartres hat je nachdem, auf welcher

Stufe des Weges sich jemand befindet, mehrere Bedeutungen.

Das Wirken Jesu:

Die erste Bedeutung betrifft das Wirken Jesu. Der linke Kreis steht für die Physis und die Wirklichkeit, wie wir Menschen sie über unsere fünf Sinne erkennen. Der rechte Kreis ist ein Symbol für die geistige Wirklichkeit. Durch die Auferstehung wirkt Jesus in beiden Ebenen, in der Physis wie in der geistigen Welt. Auch dies geschieht in der Kathedrale und ist für uns erlebbar.

Die Berührung Jesu:

Ein Kreis steht für jeden einzelnen Menschen, wenn er die Kathedrale betritt. Der zweite Kreis symbolisiert Jesus, der uns durch die Qualität der Kathedrale unmittelbar berührt. Das Vesica pisces bedeutet, dass wir den Meister der Liebe in uns selbst spüren können, er ist zugleich in unserem Kreis und damit in unserer Wirklichkeit. Wenn wir uns öffnen und bereit sind, dieses große Geschenk anzunehmen, werden wir in uns selbst von Jesus berührt.

Die Ausrichtung auf das Göttliche in uns selbst:

Die dritte Bedeutung handelt nun von jedem Menschen, der mit Respekt und Wertschätzung diesen heiligen Tempel besucht. Ein Kreis ist der Mensch, wie er zur Zeit des Besuches lebt. Der zweite Kreis spiegelt das zukünftige Bild der Meisterschaft wider. Durch den Weg wird jeder Mensch früher oder später selbst sein eigener Meister und erkennt in sich den göttlichen Funken, der zu brennen und zu strahlen begonnen hat.

In dieser Darstellung findet man zahlreiche Aspekte, die für einen Weg der Wahrheitssuche notwendig sind. Durch die vier Wesenheiten der Sphinx erfahren wir auf allen Ebenen die Wirkung der vier Elemente und in der Zentrierung den Zustand des „Ich Bin".

Über dem linken Eingang sehen wir einen Mann, der auf dem Wasser steht, welches zwei Engel links und rechts ausschütten. Normalerweise wird dieses Bild so interpretiert, dass Jesus in den Himmel auffährt, was als eine Art der Erklärung auch stimmen mag.

Dieses Portal ist das Gegenstück zum rechten Portal, wo Maria mit dem Kind sitzt. Es ist ein Bildnis der Meisterschaft. Während auf der rechten Skulptur das innere Kind in uns geboren wird, ist es hier der Mensch, der auf seinem Weg der Wahrheitssuche eine hohe Stufe erlangt hat.

Wir kennen das Gleichnis im Neuen Testament, in dem Jesus auf dem Wasser geht. Auf dem Wasser zu gehen bedeutet, die Emotionen und Gefühle in sich zu meistern. Dieses innere Wasser ist es, welches den Menschen an die grobstoffliche Welt bindet. Wer die Materie liebt, bindet sich an sie.

Die Kraft des positiven Denkens hat eine große Bedeutung. Nicht nur liebevolle oder mitfühlende, sondern auch zornige oder eifersüchtige Gedanken verwirklichen sich. Es ist für den Menschen sehr wichtig, darauf zu achten. Ein großer Teil der Aufgabe aller Menschen liegt darin, die Gedanken und die Gefühle zu meistern.

Alles Gedachte der Menschheit spiegelt die Wirklichkeit auf der Erde wider. Solange dies nicht erkannt wird, werden wir durch unsere eigenen Gedanken unsere Zivilisation zerstören. Die Menschen unterstützen durch viele ihrer Gedanken nicht Gerechtigkeit und Toleranz, sondern die Krankheit und den Krieg. Das ist nicht nur bildlich oder symbolisch gemeint, sondern absolut real!

In dieser Wirklichkeit, dass nämlich die Gedanken und Gefühle eines jeden Menschen die Weiterentwicklung der Menschheit beeinflussen, leben wir. Wir selbst können entscheiden, was wir denken und sagen und wie wir handeln.

Deshalb ist es höchste Zeit, dass sich immer mehr Menschen auf den Weg der Wahrheitssuche begeben. Die Kathedrale von Chartres wurde genau für die Menschen gebaut, die den Weg in ihre Selbstständigkeit und Freiheit gehen wollen.

DAS LABYRINTH VON CHARTRES

Die Einweihung der runden Tafel führt uns durch das große Labyrinth von Chartres. Der Weg beginnt im Südwesten und leitet uns nach vielen Wendungen auf die Rose im Zentrum. Seit Hunderten von Jahren gehen Menschen aus den verschiedensten Ländern diesen Weg und lassen sich berühren. Es gibt kaum ein berühmteres Labyrinth. Ein Labyrinth hat im Gegensatz zu einem Irrgarten immer nur einen Weg.

Angefangen von sehr alten Felszeichnungen bis hin zum klassischen Sieben-Stufen-Labyrinth birgt jedes Labyrinth durch die besondere Anordnung des Weges eigene Qualitäten in sich. Es werden immer andere Kräfte und Mächte im Außen wie im Innen angesprochen, die aufeinander reagieren und den Menschen in Bewegung versetzen. Im Labyrinth von Chartres haben die alten Meister einen Weg der inneren Reinigung geschaffen.

Wer die erste Tafel praktiziert und durch das Labyrinth geht, erklärt sich bereit, die unschönen Eigenschaften in sich selbst zu reinigen. Durch die Qualität des Labyrinths gelangen diese Schritt für Schritt an die Oberfläche, damit sie für uns greifbar und veränderbar werden. Dies ist ein großes Geheimnis der Qualität des Labyrinths von Chartres.

Die runde Tafel ist mit der Erde verbunden. „Gehe durch die Erde und veredele die Teile!" ist immer eine Aufforderung, unsere innere Dunkelheit zu verwandeln. Die Rose im Zentrum steht für ein Bewusstsein über den tierischen Aspekten.

Abb. 9: Die Rose von Chartres im Labyrinth von Chartres

Die symbolische Grundlage für das Labyrinth ist das Rosenkreuz. Seit Hunderten von Jahren gibt es Gerüchte über einen geheimen Orden der Rosenkreuzer, der die Geheimnisse des esoterischen Christentums hüten soll. Meister des Christentums gab es natürlich schon viel früher, die zahlreiche Geheimnisse verschlüsselten oder oft gar nicht preisgaben. Wie in allen esoterischen Schulen wurden immer nur wenige Schüler eingeweiht.

Die Wirkungsweise der runden Tafel ist auch heute noch für viele Menschen nicht annehmbar, da sie nicht vorstellbare Grenzen überschreitet. Die Fensterrose im Südwesten enthüllt zahlreiche dieser Geheimnisse. Davon in einem der nächsten Kapitel mehr.

Mit der Initiation des Labyrinths beginnt ein innerer Prozess der Transformation, der längere Zeit dauert.

Die Transformation und die Reinigung unserer Seele hören natürlich nie auf, sondern beschäftigen uns zu jedem Zeitpunkt in unserem Leben. Selbst der größte Meister muss unentwegt an sich arbeiten. Meisterschaft bedeutet unter anderem, dass man weiß, wie das geht.

Als ich das erste Mal in Chartres war, war mir nicht bekannt, dass das Labyrinth nur am Freitag begehbar war. Zu allen anderen Tagen verstellen Sessel den Weg. Damals bin ich im Geiste durch das Labyrinth gewandert, da es anders nicht möglich war, und habe mich in der Reihenfolge des Weges zwischen den Sesseln auf die Wendungen des Labyrinths gestellt. Ich wusste nicht, was mich erwartet, als ich schließlich auf dem Zentrum stand. Meine erste Reaktion war, dass mir schlecht wurde. Keine Spur von Mystik oder einem Gefühl der inneren Erhöhung. Erst später haben sich die Qualitäten für mich geändert.

Jahre später erkannte ich, dass es mehrere Gründe für meine Reaktion gab. Zunächst einmal hatte ich mich nicht vorbereitet. Zu jeder anderen Zeit haben sich die

Schüler einige Tage auf eine Initiation eingestellt, sei es durch Meditationen oder eine bewusstere Nahrungsaufnahme. Mein Körper war damals von der hohen Energie überfordert und deshalb wurde mir übel.

Es ist sehr wichtig, mindestens drei oder vier Tage in Chartres zu bleiben und erst am vorletzten oder letzten Tag durch das Labyrinth zu gehen. So können sich Körper und Seele langsam an die Energie im Umkreis des Heiligen Hügels gewöhnen.

In einer für viele Menschen nicht erklärbaren Form ist das Labyrinth ein Wegbereiter, der uns Türen öffnet, damit die inneren Transformationen geschehen können. Es ist, als ob die geistigen Kräfte, von den Naturwesen bis zu den Erzengeln, das Muster des Labyrinths in unserer Seele als Absichtserklärung für einen Weg der inneren Reinigung verstehen. Im Laufe dieser Zeit werden uns Menschen zugeführt, die uns in diesem Prozess beistehen und begleiten. Es ist nicht möglich, diesen Weg abzukürzen. Für ein Weitergehen auf der quadratischen Tafel ist die Verinnerlichung der runden Tafel bis zu einer gewissen Stufe eine Voraussetzung.

Der Weg durch das große Labyrinth hat als Grundlage die Liebe. Diese Liebe ist verbunden mit großer Klarheit und hat nichts mit dem Verliebtsein oder einer verklärten Sicht von Romantik zu tun. Wenn es notwendig ist, durch Konflikte oder einen manchmal auch schmerzhaften Prozess zu gehen, ist es doch die Liebe, die uns auf diese Dinge hinführt und darin begleitet.

Durch den Weg des Labyrinths werden alle unschönen Eigenschaften, die uns an der Liebe hindern, langsam, zum Wohle eines jeden Menschen, transformiert. Wieder wird uns die Arbeit in keiner

90

Hinsicht abgenommen, das geht gar nicht. Wir werden vielmehr dorthin geführt, wo es uns möglich wird, uns dieser Arbeit zu stellen.

Jede esoterische Richtung, die nur von Licht und Erleuchtung spricht, aber die Arbeit der inneren Transformation vergisst, hat nichts mit Liebe zu tun, sondern ist eine Art spiritueller Selbstbefriedigung. Wie viele Strömungen gibt es, welche die Menschen immer nur bis zu einem gewissen Punkt führen und ihnen vorgaukeln, alles sei eitle Wonne! In der Welt, die wir uns geschaffen haben, ist bei weitem nicht alles eitle Wonne. Das gleiche gilt für jeden einzelnen Menschen. Ohne den Weg durch die eigene innere Dunkelheit und die Transformation unserer unschönen Eigenschaften kommen wir keinen einzigen Schritt weiter.

Niemand geht den Weg in das Licht ohne die Einhaltung der universalen Gesetze. Auch wenn wir noch so fest glauben, dass wir nur mit lichten Wesenheiten verbunden sind, gilt Folgendes: Neid, und sei er noch so versteckt, verbindet uns mit einem Neiddämon, Eifersucht mit einem Dämon der Eifersucht. Der erste Schritt der Reinigung ist das Eingeständnis dieser Eigenschaften.

Wahres Mitgefühl verbindet uns natürlich auch mit einem Engel des Mitgefühls. Das Kriterium unserer Verbindung in die geistige Welt sind unsere Gedanken und Gefühle. Im Umgang mit den geistigen Kräften gilt immer das, was wahr ist, und nicht das, was wir für wahr halten.

Es bedeutet eine Ablenkung vom Weg der Wahrheitssuche, wenn manchmal behauptet wird, in der neuen Zeit des Wassermannzeitalters spreche eine göttliche Amnestie die Menschen von allen Sünden frei, oder jemand plötzlich erklärt, dass das Karma aufgehoben werde. Schon vor 2000 Jahren hat Jesus gesagt, dass er nicht gekommen sei, die Gesetze zu ändern, sondern, um dazu anzuhalten, dass man sie einhält. Das ist bis heute so!

In Zeiten des inneren Leidens und der Verzagtheit kann der Gedanke an einen Engel, der uns mit Leichtigkeit durch die Ebenen der Dunkelheit führt, sehr hilfreich sein.

Wir bekommen nur über die Beherrschung und die Überwindung die geistige Kraft, uns weiterzubewegen. Im gleichen Maße, wie unser Gehen und damit die Fortbewegung erst über die Reibung unserer Füße auf der Erde möglich ist, gilt dieses Gesetz auch auf geistiger Ebene. Die geistige Fortbewegung durch Raum und Zeit ist zugleich unsere spirituelle Weiterentwicklung. Den Widerstand, der nötig ist, damit wir uns bewegen, erhalten wir aus den Ebenen der Dunkelheit. Darin liegt ein lange geheim gehaltenes Wissen über das Mysterium von Gut und Böse.

Das Labyrinth birgt viele Möglichkeiten der Transformation und Reinigung. Vollzogen werden sie nicht während des Weges durch das Labyrinth, sondern danach, wenn man wieder zu Hause und im Alltag lebt. Hier liegen die Prüfsteine jeder Spiritualität.

In der Geometrie des Labyrinths gibt es wiederum zahlreiche Anhaltspunkte, auf welche Weise es auf den Menschen wirkt. Im Labyrinth existiert eine gewisse Struktur der Zahl 20 und der Zahl 12.

Im Südwesten, beim Eingang des Labyrinths, gibt es genau zwölf Wendungen in vier Gruppen. Immer schließt eine große zwei kleine Wendungen mit ein. Dadurch entstehen vier mal drei Wendungen.

Abb. 10: Die Wendungen im Labyrinth von Chartres

Diese Einteilung der zwölf finden wir in einem zweiten Bild von Leonardo da Vinci wieder, dem „Letzten Abendmahl". Dort sitzen die Jünger zu dritt in vier Gruppen.

Jede Gruppe steht für eines der vier Elemente. Jesus selbst verkörpert die Göttlichkeit im Menschen. Die Bedeutung der vier Gruppen des Abendmahls und der zwölf Wendungen ist identisch.

Abb. 11: Die vier Elemente im Bild des letzten
Abendmahls von Leonardo da Vinci

Im Südwesten betreten wir das Labyrinth in der
Dunkelheit, und der Weg führt uns durch die vier
Elemente, welche unseren Körper, unsere Seele und
unseren Geist berühren. Die heilige Zahl Zwölf
symbolisiert die Gesamtheit der Qualitäten, die den
Menschen von außen berühren und beeinflussen. Auch
in den zwölf Tierkreiszeichen finden sich vier Gruppen
von je drei Sternzeichen. Die Tierkreiszeichen Widder,
Löwe und Schütze entsprechen dem Element Feuer, die
Zeichen Stier, Jungfrau und Steinbock dem Element
Erde, die Zeichen Zwilling, Waage und Wassermann
dem Element Luft und Krebs, Skorpion und Fische dem
Element Wasser.

Gegenüber, im Nordosten, gibt es acht Wendungen.
Wenn wir nun nachzählen, kommen wir plötzlich auf
genau 20 Wendungen im senkrechten Balken des

Labyrinths. Hier finden wir die 20 Grundprinzipien des Universums, sie wurden in den Wendungen verborgen.

Diese 20 Grundprinzipien entsprechen in einer gewissen Weise den 20 Nahuales der Maya oder den 20 Oghams der keltischen Druiden. Grundsätzlich geht es um Prinzipien des Lebens.

Die Substanzen dieser 20 Prinzipien setzen sich wiederum aus den Elementen zusammen, die sich miteinander vereinigen. Die Elemente Akasha, Feuer, Luft, Wasser und Erde definieren das männliche Prinzip und die Elemente Feuer, Wasser, Erde und Luft ebenso das weibliche Prinzip. Werden die 5 Elemente des männlichen Prinzips jeweils mit einem der 4 Elemente des weiblichen Prinzips vereinigt, entstehen die 20 Ursubstanzen der physischen Welt.

All dies ist bei weitem kein Zufall, wie uns wieder ein Beispiel aus der Genforschung beweist. Es gibt 20 Aminosäuren, welche die Grundlage der DNS sind. Diese Säuren werden in zwei Gruppen aufgeteilt. Es gibt zwölf essenzielle und acht nichtessenzielle Aminosäuren. Im Labyrinth findet man diese Einteilung der Aminosäuren in den zwölf plus acht Wendungen.

Im Labyrinth finden wir 20 Wendungen im senkrechten Balken und zwölf Wendungen im waagrechten Balken, der über dem senkrechten Balken liegt. Nun bekommen die zwölf Apostel von Jesus, die zwölf Ritter der Tafelrunde, die zwölf Grafen Karls des Großen, die zwölf Tierkreiszeichen usw. eine besondere Bedeutung.

Sechs Wendungen findet man im Nordwesten, sechs Wendungen im Südosten, und das Zentrum symbolisiert die heilige Zahl 13 oder die Zahl der drei Tafeln des Heiligen Grals, die Zahl 21. Im Zentrum des

Labyrinths findet man sie am gleichen Platz wie die Zahl 13. Die 21 liegt unter der Zahl 13 verborgen! Man könnte sie auch als die geheime Zahl des Grals bezeichnen.

Drei Tafeln tragen den Heiligen Gral,
die erste ist rund, die zweite quadratisch,
die dritte rechteckig. Sie haben den gleichen
Umfang, und ihre Zahl ist 21.

Multipliziert man die Zahl 13 mit der Zahl 20 erhält man die Zahl 260. Interessanterweise beträgt die Länge des Labyrinths 260 Meter. Unwillkürlich fällt mir dazu der Heilige Kalender der Maya ein. Ein Zyklus dauert 260 Tage und erhält diesen Zeitraum durch die Verbindung von 13 und 20 geistigen Kräften. In der Einweihungslehre der alten Meister Europas hat ein Jahr 13 Monate, welche mit manchen der 20 Buchstaben des Heiligen Alphabets verbunden sind.

Mich überkommt, wie so oft, ein Staunen vor der großen Meisterschaft der Baumeister von Chartres. Gibt es eine höhere Form der Kunst, als ein Werk für die Weiterentwicklung der Menschheit zu bauen?

Aus Berichten früherer Zeiten wissen wir, dass im Zentrum des Labyrinths ursprünglich eine rechteckige Platte aus Kupfer mit einer Darstellung des Minotaurus angebracht war. Später wurde sie aus Unverständnis entfernt. Welche Bedeutung hatte diese Metallplatte, auf der der Mensch am Ende des Weges durch das Labyrinth steht?

Der Minotaurus ist ein Symbol der im Menschen wirkenden tierischen Aspekte. Im Zentrum über dem Tierischen zu stehen, es in sich erkannt zu haben und es zu beherrschen, ist das Ziel des Weges durch das Labyrinth.

Unwillkürlich wird man an den Irrgarten des Minotaurus erinnert, durch welches Theseus mithilfe eines Fadens wieder den Ausgang fand. Aus dem Irrgarten wurde ein Labyrinth.

Wenn wir den Weg des Labyrinths verfolgen, gelangen wir manchmal in die Nähe des Zentrums und manchmal entfernen wir uns davon. Dies ist ein Spiegel unseres Lebens und unserer Wanderschaft zur Liebe und zur Wahrheit. Der Weg führt uns durch die vier Elemente Erde, Wasser, Luft und Feuer und endet im Zentrum. Jedes Viertel im Labyrinth wird von einem Element beherrscht. So werden auf der Reise durch die vier Elemente alle Qualitäten in uns angesprochen.

Wenn jemand jahrelang in Unruhe lebt, gerät er früher oder später in Situationen, sei es durch eine Krankheit oder in einer anderen Form, die ihn im wahrsten Sinne des Wortes „ruhigstellen". Immer ist es unsere eigene Wahl, ob wir uns selbst bewegen oder ob wir uns bewegen lassen. Der Weg durch das Labyrinth ist zugleich der Weg in die eigene Selbstständigkeit. Schritt für Schritt selbst zum Schöpfer der eigenen Wirklichkeit zu werden, ist ein Ziel dieses Weges.

Dies ist das Gesetz der Weiterentwicklung in das Licht. Wenn Jesus sagt „An den Taten werdet ihr sie erkennen!", so meint er damit die bewusste und willentliche Verwirklichung der Überwindung der Dunkelheit. So ist der Weg durch das Labyrinth von Chartres ein Weg der Liebe und der Entwicklung in das Licht.

DIE DREI LÄNGSFENSTER IM SÜDWESTEN

Wenn man in der Kathedrale nach Südwesten blickt, sieht man unterhalb der Fensterrose drei wunderschöne Längsfenster. Sie stammen aus dem 12. Jahrhundert und gehören zu den ältesten Darstellungen in der Kathedrale. In ihnen wird in Bildern die Entwicklung des Menschen auf dem Weg der Liebe erzählt. Sie stellen viele Aspekte der runden Tafel dar, welche zugleich die Grundlage und das Ziel in sich trägt.

Das Labyrinth betrifft den Menschen in jedem Augenblick seines Lebens. Auch wenn der Schüler in späteren Jahren eine Einweihung der quadratischen Tafel erhält, liegt die Grundlage seiner Wahrheitssuche doch immer auf der runden Tafel. Alle großen Meister stehen symbolisch auf der runden Tafel und tragen diese Qualität als Basis für ihr Leben und ihre Arbeit in sich.

Auch unsere Aufgabe betrifft die Meisterung des Lebens auf der Erde. Die Grundlage dafür ist, dass sich der Mensch im Leben bewegen lässt. Das Leben selbst ist immer Bewegung und nie Stillstand.

Dreidimensional ist die runde Tafel eine Kugel, symbolisch unsere Erde, wo das Labyrinth aufgezeichnet ist. Der Weg durch die Elemente führt uns auf der ersten Gralstafel in die Wirklichkeit des Lebens. Etwas vom Wichtigsten ist die symbolische Verankerung auf der Erde. Nur so können gesunde Wurzeln wachsen, die uns am Boden halten, wenn ein starker Sturm unsere Äste schüttelt. Die Wurzeln sind die Voraussetzung für unsere Äste und Blätter, die deshalb weit in das Licht reichen können.

Die runde Tafel trägt die kosmische Qualität eines Weges der Reinigung in sich, damit der Mensch in sich die Voraussetzung schaffen kann, irgendwann in Zukunft die zweite Geburt zu erleben. Der Weg von der runden auf die quadratische und die rechteckige Tafel ist keine Steigerung der Qualität in der Form, dass sie lichter oder höher wird, sondern ein Weg in die immer größere Selbstständigkeit und Mächtigkeit.

Zu jeder Zeit wirkt die runde Tafel auf jeden Menschen individuell. Wenn ein Kind und ein alter Mann durch das Labyrinth gehen, wird jeder der beiden so berührt, wie es für ihn richtig ist. Ebenso bewegt einen das Labyrinth ein Jahr später wiederum in der Form, die dem aktuellen Entwicklungsstand entspricht.

Deshalb gibt es keinen Zeitpunkt, an dem man sagen könnte, die Initiationen der runden Tafel seien abgeschlossen. Die vollständige Einweihung des Labyrinths hat ein Mensch erst dann erhalten, wenn er auf der rechteckigen Tafel die letzte Einweihung erhält und den Gral symbolisch in sich selbst gefunden hat.

Seit langer Zeit begleitet mich ein Bild des Labyrinths bei allen Seminaren und Vorträgen. Ich betrachte es als eine der wichtigsten Grundlagen für meine Arbeit. In meinem Herzen spüre ich die tiefe Botschaft des Weges und das große Geschenk, das es für die Menschen in sich birgt. Seit Jahren beschäftige ich mich mit diesem

Symbol, und immer wieder erkenne ich neue Dinge, die darin verborgen liegen. Auch in diesem Buch werden nur einige Aspekte beschrieben. Wirklich verstehen oder erahnen kann man die Einweihung der runden Tafel letztlich nur über eine innere Instanz, die ich als ein intuitives Verstehen mit dem Herzen beschreiben möchte. Es ist eine Erfahrung, die sich jeder Mensch selbst zum Geschenk machen kann, indem er durch das Labyrinth geht.

Wenn der Suchende nach einigen Jahren der Reinigungsarbeit eine Stufe erreicht hat, auf der er nicht dauernd von dunklen Energien aus der Vergangenheit bewegt wird, beginnen die Bilder der Längsfenster symbolisch in ihm lebendig zu werden. Sie zeichnen die verschiedenen Stationen und den Zusammenhang der runden Tafel vor.

Alle drei Fenster handeln von der Verwandlung des Menschen, der den Weg der drei Tafeln geht. Einige Bilder, die mir besonders wichtig erscheinen, möchte ich herausnehmen und beschreiben.

Das mittlere Fenster, das sogenannte Menschwerdungsfenster, erzählt von der Geburt Jesu bis zu seinem Einzug in Jerusalem. Über das Mysterium von Weihnachten habe ich schon in einem früheren Kapitel berichtet.

Einige Darstellungen erzählen von der Reise der Heiligen Familie nach Ägypten, um der Ermordung Jesu durch Herodes zu entkommen. Herodes soll Angst gehabt haben, dass ein neuer König geboren wurde, daher ließ er alle Knaben unter zwei Jahren durch das Schwert hinrichten.

In einer esoterischen Form gedeutet, steht Herodes für die materiellen Dinge, die unser Inneres

100

beherrschen. Seine Qualität in uns ist bestrebt, uns an das Geld, die Karriere, an die Macht und den Einfluss zu binden, damit es uns nicht möglich ist, uns weiterzuentwickeln. Der innere Materialismus (König Herodes) möchte uns natürlich beherrschen (auf dem Thron bleiben). Diese Dinge ereignen sich nicht außerhalb des Menschen, sondern erzählen von seinem Inneren!

Der Überlieferung nach träumte Josef, dass er mit seiner Familie nach Ägypten auswandern soll. Die Flucht führte sie durch die Wüste und endete in Ägypten, in der Stadt Heliopolis, zwölf Kilometer nördlich vom heutigen Kairo. Dort lebte Josef mit Maria und Jesus. Heute befindet sich an der Stelle des alten Heliopolis das Dorf Matarije, und noch immer trägt ein uralter Baum den Namen „Marienbaum". Sieben Jahre später ist die Heilige Familie wieder zurück in das heutige Israel gewandert.

Heliopolis war zu alten Zeiten die Stadt des Sonnengottes. Es ist natürlich kein Zufall, dass Jesus dort lebte. Deshalb können wir erkennen, dass die sieben Jahre die Basis der Einweihungslehre von Jesus sind. Im Grunde bedeuten diese sieben Jahre, dass das Christentum seine Wurzeln in der Weisheit des alten Ägypten hat. Ich habe darüber schon geschrieben.

Das letzte Bild einer biblischen Geschichte im Menschwerdungsfenster erzählt vom Einzug Jesu am Palmsonntag in Jerusalem.

In diese innere Stadt wird das göttliche Kind im Menschen nach vielen Jahren der Entwicklung als König einziehen. Obwohl die Geschichte von Jesus natürlich weitergeht, findet sie hier einen krönenden Abschluss. Der spirituelle Weg zielt immer darauf hin, dass der

101

göttliche Kern in uns die Herrschaft übernimmt und der Gottessohn König wird. Wenn der Mensch dies erreicht hat, reitet er auf dem Esel (die Beherrschung der inneren Triebe) auf Palmenblättern (der grüne Weg der Liebe) unter dem Beifall der Menge (die geistigen Qualitäten in uns, welche die Entwicklung des königlichen Kindes unterstützt haben) in die Stadt und setzt sich auf den Thron des Königs.

Das rechte Fenster trägt einige Besonderheiten in sich, die in der Kathedrale einmalig sind. Aus dem Schoß von Jesse, der auf einer roten Decke liegt, wächst ein Baum. Auf diesem Bild sitzen über Jesse vier Könige, Maria und an der Spitze Jesus.

Dieser Baum geht durch unseren Körper, Jesse symbolisiert das Wurzelchakra und Jesus das Kronenchakra. Begleitet wird jede der sieben Gestalten von je zwei Personen links und rechts ... und ihre Zahl ist 21. 21 Personen sind auf diesem Fenster der sieben Energiezentren des Menschen zu sehen.

Das linke Längsfenster, das Passions- und Auferstehungsfenster, beginnt mit der Verklärung auf dem Berg Tabor. Dieses Gleichnis hat besonders in jüngster Zeit an Aktualität gewonnen.

Jesus geht mit Petrus, Jakobus und Johannes auf einen Berg. Dort wurde er vor ihren Augen verwandelt und leuchtete blendend weiß wie das Licht. Plötzlich erschienen Moses und Elija und redeten mit Jesus. Petrus wollte daraufhin für jeden eine Hütte bauen. Aber noch während er redete, hörten sie aus einer leuchtenden Wolke eine Stimme: „Dies ist mein geliebter Sohn, an dem ich Gefallen gefunden habe; und auf ihn sollt ihr hören." Die Jünger bekamen Angst und warfen sich zu Boden. Daraufhin ging Jesus zu den drei

Aposteln und sagte: „Steht auf und habt keine Angst." Die Jünger sahen nun nur noch Jesus, die beiden Propheten waren verschwunden. Später sprach er zu ihnen: „Erzählt niemand von dem, was ihr gesehen habt, bis der Menschensohn von den Toten auferstanden ist."

In dieser Geschichte liegt das Geheimnis des sogenannten Lichtkörpers verborgen. Der Lichtkörper ist das geheime Gesetz Moses', durch welches sich der Mensch gleich Elija das himmlische Fahrzeug bauen kann. Wie wir wissen, hat Moses die Gesetze erhalten, und Elija ist in einem feurigen Wagen in den Himmel gefahren. Das himmlische Fahrzeug ist der Lichtkörper, welcher nur durch die Transformation der niederen Instinkte im Menschen gebildet werden kann. Nur über unser Bemühen bildet sich dieser Lichtkörper.

Die wenigsten Menschen finden sich in der dritten Dimension, in der wir in unserem Universum leben, zurecht. Noch weniger wissen um die Geheimnisse der vierten Dimension. Trotzdem handeln immer mehr Bücher vom Aufstieg in eine fünfte Dimension. Wie soll man das verstehen? Ich habe keine Ahnung, wo diese Menschen hinwollen.

Die einzige Möglichkeit für einen auf der Erde inkarnierten Menschen, sich einen Lichtkörper zu schaffen, findet er in der Arbeit an sich selbst. Über die Transformation und die Einhaltung der kosmischen Gesetze (Moses) ist es dem Menschen möglich, den Lichtleib (Elija) zu bilden. Das war der Grund, warum Moses und Elija und nicht einer der vielen anderen Meister neben Jesus am Berg Tabor erschienen sind.

Schon Gustav Meyrink hat zu Beginn des 20. Jahrhunderts von dem Mer-Ka-Ba als dem geheimen

Gesetz Moses' geschrieben. Moses erhielt dieses Wissen durch seine Unterweisungen in Ägypten.

Vor einiger Zeit habe ich in Wien als Produzent die CD *Die Essener* aufgenommen. Am Ende der Aufnahme spazierte ich mit einer Freundin durch den ersten Bezirk in Wien und wir überlegten, wie wir den Abend verbringen könnten. Als wir am Albertina-Museum vorbeigingen, sahen wir, dass es mittwochabends immer geöffnet ist; zu dieser Zeit gab es eine Ausstellung von Marc Chagall mit Bildern vom Alten Testament.

Dieser Meister der Malerei hat in seinen Gemälden, in Formen wie Farben, zahleiche Botschaften hinterlassen. Unter anderem hat er Moses immer mit zwei Hörnern dargestellt. Auch in Chartres gibt es eine Skulptur des Moses mit Hörnern. Immer wieder wurden darüber die wildesten Spekulationen angestellt. Meistens dachte man an einen Irrtum, da das Bild eines Hörner tragenden Teufels seit Jahrhunderten durch die Köpfe der Menschen spukt. Der Grund ist aber ganz einfach: Moses wurde als Meister des Widderzeitalters dargestellt und Widder haben bekanntlich Hörner. Daher war auch für die frühen Christen folgerichtig der Fisch ein Zeichen von Jesus.

Die nächsten Bilder im Passions- und Auferstehungsfenster erzählen vom letzten Abendmahl, von der Kreuzigung, der Abnahme vom Kreuz und der Auferstehung. In den letzten beiden Darstellungen, und das ist sehr interessant, wird die Begegnung des auferstandenen Jesu mit den Jüngern dargestellt, die nach Emaus gingen.

Jesus begleitet sie den ganzen Tag und erläutert ihnen die Schriften, und doch erkennen sie ihn nicht.

Eigentlich müssten sie ihn schon beim ersten Anblick erkannt haben, da sie ihn oft genug gesehen hatten. Es waren nicht zwei unbekannte Menschen aus Emaus, wie es manchmal dargestellt wird, sondern zwei Jünger, die nach Emaus unterwegs waren und betrübt über die Kreuzigung sprachen. Das Lukas-Evangelium ist hier eindeutig: Erkannt haben die Jünger Jesus erst am Abend, als er das Brot brach.

Wieso haben die Meister der Templer dieses Bild und nicht die Himmelfahrt Jesu als letzte Darstellung des Passions- und Auferstehungsfensters gewählt? Was für eine Botschaft steckt dahinter? Für jeden Stein und jedes Bild in der Kathedrale gibt es einen bestimmten Grund, warum sie genau an dem Platz sind, wo sie sind!

Die leibliche Person, die den Jüngern begegnet ist, sah natürlich nicht aus wie Jesus. Es war der Körper eines anderen Mannes! Es geht darum, dass jeder selbst seinen Weg findet.

DIE WESTROSE

Die nächsten Zeilen mögen einen kleinen Aspekt dessen aufzeigen, was man unter dem Namen „Christus" verstehen kann. Viele Menschen machen zwischen dem Namen „Jesus Christus" und „Jesus, der Christus" einen Unterschied.

Es gilt die Meinung, dass durch die Bezeichnung Jesus Christus die Person Jesus mit dem einzigen Sohn Gottes, der den Namen Christus trägt, gleichgesetzt wird. Wenn andere den Namen Jesus, der Christus verwenden, herrscht wiederum die Ansicht vor, der Mensch Jesus sei von einem hohen Lichtgeist mit dem Namen Christus gleichsam in Besitz genommen worden. Man ist bemüht, eine Erklärung für dieses höchste Bewusstsein zu finden, da es für viele nicht in Einklang mit einem einzigen Menschen gebracht werden kann.

Es ist wahrlich nicht leicht zu verstehen, wie ein Mensch eine solche höchste Meisterschaft in sich verwirklichen konnte. Um zu verstehen, woher der Christus kommt, kann es eine Hilfe sein, über folgende Zeilen nachzudenken und zu meditieren.

Es gibt kein niederes oder höheres Selbst, welches als eigenes Bewusstsein außerhalb von dir lebt. Die Aufgabe besteht darin, selbst zum „höheren Selbst" zu werden und sich damit zu identifizieren.

Wenn Jesus als Christus gesprochen hat, wie es oft formuliert wird, war er sich seines „höheren Selbst" und damit seiner Göttlichkeit voll bewusst, er hat sich mit ihr identifiziert. Nur kam dieser Christus-Geist nicht von außen, sondern wurde in ihm selbst geboren und wuchs durch sein Leben!

In Jesus wurde das göttliche Kind geboren, er hat sich damit identifiziert, er war das göttliche Kind. Das, was ich von der Geburt des göttlichen Kindes im Menschen geschrieben habe, gilt auf der Erde für jeden Menschen, so natürlich auch für Jesus. Ein großer Unterschied zwischen Jesus und den meisten Menschen liegt im Zeitpunkt der Geburt und im Wachstum des göttlichen Kindes.

Bei den meisten Menschen wird das göttliche Kind, wenn dieses Ereignis geschehen darf, im Laufe des Erwachsenenlebens geboren. Das große Wunder im Leben Jesu war, dass die Geburt des physischen Körpers auf der Erde laut der Legende zugleich mit der Geburt des göttlichen Kindes, des Christkindes, stattfand. Dies war das heilige Geschehen von Bethlehem.

So liegt die „geheime Einweihungslehre" des Christentums im Leben von Jesus verborgen. Jeder Tag in seinem Leben ist zugleich ein Tag des Wachstums und der Entwicklung des göttlichen Kindes. Dies auf der Erde zu manifestieren, kann man als eine der großen Lebensaufgaben von Jesus betrachten.

Zugleich erhielt Jesus während seines Lebens zahlreiche Aufgaben. Hohe Meister haben im Laufe der

Menschheitsgeschichte durch ihre Arbeit die Energie auf der Erde immer wieder stark verändert.

Die Geschichte, nach der Jesus 40 Tage in der Wüste verbrachte, ist wesentlich in der christlichen Einweihungslehre. Man erkennt in dieser Geschichte, dass wirkliche Spiritualität nur im täglichen Leben gelebt werden kann. Jeder Mensch ist diesen Versuchungen ausgesetzt. Dadurch, dass wir ihnen widerstehen, entwickeln wir uns.

Die 40 Tage in der Wüste haben wieder mit den Qualitäten der vier Elemente zu tun und stehen symbolisch für die Aufgabe, vor die man ein ganzes Leben lang gestellt ist. In der Wüste gibt es keine Ablenkung mehr, dort ist man mit sich selbst allein.

Die drei Versuchungen berichten davon, wie Jesus durch die Ebenen der Dunkelheit gegangen ist. Die erste Versuchung, der er widersteht, betrifft den eigenen Körper, die Seele und den Geist.

„Wenn du Gottes Sohn bist, so befiel diesem Stein, zu Brot zu werden." Jesus antwortete ihm: „In der Schrift heißt es: Der Mensch lebt nicht vom Brot allein."

Diese wenigen Worte erzählen von der Abhängigkeit des Menschen von den Bedürfnissen des Körpers und von der Notwendigkeit, nicht zum Sklaven dieser Bedürfnisse zu werden. Wie schwer fällt uns Menschen der Verzicht auf Dinge wie Zigaretten, Schokolade, Bier, Fleisch usw., jeder hat seine eigenen Laster. Es ist ein großer Unterschied, ob man manche Dinge bewusst genießt oder ob man ein Sklave der Abhängigkeit ist. Jeder wird dies für sich selbst herausfinden.

Diese Versuchung erzählt, dass Jesu erste Aufgabe darin bestand, diese Dinge in seinem Inneren zu beherrschen und zu überwinden. Die zweite Versuchung, der er ausgesetzt wurde, hat etwas mit der Bindung des Menschen an die Materie zu tun.

Da führte ihn der Teufel (auf einen Berg) hinauf und zeigte ihm in einem einzigen Augenblick alle Reiche der Erde. Und er sagte zu ihm: „All die Macht und Herrlichkeit dieser Reiche will ich dir geben; denn sie sind mir überlassen, und ich gebe sie, wem ich will. Wenn du dich vor mir niederwirfst und mich anbietest, wird dir alles gehören." Jesus antwortete ihm: „In der Schrift steht: vor dem Herrn, deinem Gott, sollst du dich niederwerfen und ihm allein dienen."

Viele Menschen beten die Macht und das Geld an und missbrauchen beides. Der Altar des modernen Menschen ist der Fernseher, das heilige Gefährt sein Auto und die Priesterrobe der teure Anzug mit Krawatte.

Im Umgang mit diesen Dingen stellt sich immer die Frage des Maßes. Wie teuer muss ein Auto wirklich sein? Was ist die Motivation, ein öffentliches Amt anzunehmen? Ist es das innere Bedürfnis, den Menschen zu helfen, oder befriedigt einen die damit verbundene Macht? Wieder ist die wichtigste Frage: „Wie sehr bin ich von diesen Dingen abhängig?"

Jeder muss selbst mit dieser Versuchung des „Teufels" zurechtkommen und abwägen, wo die Grenze zu ziehen ist.

In der dritten Versuchung werden wir auf die Probe gestellt, wie sehr wir Gott vertrauen.

Darauf führte ihn der Teufel nach Jerusalem, stellte ihn oben auf den Tempel und sagte zu ihm: „Wenn du Gottes Sohn bist, so stürze dich von hier hinab; denn es heißt in der Schrift: Seinen Engeln befiehlt er, dich zu behüten; und: Sie werden dich auf ihren Händen tragen, damit dein Fuß nicht an einen Stein stößt." Da antwortete ihm Jesus: „Die Schrift sagt: Du sollst den Herrn, deinen Gott, nicht auf die Probe stellen." Nach diesen Versuchungen ließ der Teufel für eine gewisse Weile von ihm ab.

Welche Motivation hätte man, Gott auf die Probe zu stellen? Doch nur, wenn man zweifelt, ob er einen auffängt und beschützt. Jesus spricht in einem anderen Zusammenhang über die Macht des Glaubens, der, wäre er so groß wie ein Senfkorn, Berge versetzen könnte. Es ist nicht so leicht, darauf zu vertrauen, dass wir von Gott aufgenommen sind und im Vertrauen unseren Weg gehen können, ohne uns über den nächsten Tag Sorgen zu machen.

Der Sprung in die Tiefe wäre die Annahme des inneren Zweifels, ob man nun aufgefangen wird oder nicht. Zugleich ist es das Abgeben der Eigenverantwortung, da man das Göttliche nur mehr im Außen und nicht mehr im Innen erkennt. Die Prüfung erzählt vom Glauben und vom Vertrauen.

Durch den letzten Satz dieser Bibelgeschichte erkennen wir genau, dass auch Jesus während seines ganzen Lebens im gleichen Maße mit den Versuchungen konfrontiert wurde wie jeder andere Mensch auch. Wieder geht es allein um die Frage, wie wir damit umgehen.

Zusammengefasst tragen die drei Versuchungen alle Ebenen der Dunkelheit in sich, mit denen der Mensch im Leben auf der Erde konfrontiert wird.

Der Mensch im Umgang	
mit sich selbst	*1. Versuchung*
Der Mensch im Umgang	
mit der Umwelt	*2. Versuchung*
Der Mensch im Umgang	
mit dem Göttlichen	*3. Versuchung*

Dadurch, dass Jesus mit allen Versuchungen konfrontiert wurde und ihnen widerstand, bekam das göttliche Kind das Licht, um zu wachsen. Zugleich erhielt Jesus zu allen Ebenen der Dunkelheit Zugang. Durch die Überwindung (Ochse) und die Beherrschung (Esel) der Ebenen wurde es Jesus möglich, das Licht zu bilden.

Diese Initiation in die Dunkelheit ist Teil eines jeden Einweihungsweges, aber die meisten Menschen haben dieses Wissen seit langer Zeit verloren. Ich habe diese verlorene Weisheit Europas und Ägyptens in der Kathedrale von Chartres wiedergefunden.

Es ist in die Fenster der Westrose eingeschrieben. Die Menschen, die darüber Bescheid wussten, haben bis heute geschwiegen. Ein Grund dafür liegt darin, dass jeder Mensch, der selbst einen Schritt in die Dunkelheit geht – und wenn er am Anfang auch noch so klein ist –, in seine eigene Kraft und Selbstständigkeit kommt. Jede von einer Institution eingesetzte Autorität wird von diesen in die Dunkelheit eingeweihten Menschen einzig aufgrund ihres gelebten Lebens und nicht aufgrund ihres Amtes geschätzt.

Im Zentrum der Rose sitzt Jesus. Nur, es ist nicht ein Jesus, der vom Licht umgeben ist und strahlt, sondern ein dunkler Jesus. Die Meister der Templer haben in der Farbe des Jesus im Zentrum der Westrose eine tiefe Botschaft hinterlassen.

Würde man die Westrose wie einen Buchdeckel in den Kirchenraum klappen, würde sie sich in etwa mit dem Labyrinth decken. Gleichwohl hängen das Labyrinth und die Westrose unmittelbar zusammen.

So berührt uns auf der Rose im Zentrum des Labyrinths der schwarze Jesus in der Westrose. Er begleitet uns symbolisch auf die Ebenen in der Dunkelheit, auf denen wir uns befinden. Dies geschieht sehr sanft, und die meisten Menschen ahnen nicht, ein welch großes Geschenk hier jeder Einzelne bekommen kann.

Wieder geht es darum, dass jeder Mensch selbst den Weg durch die Dunkelheit und damit vor allem durch seine eigene Dunkelheit geht. Selbst Jesus kann einen nicht retten, man muss sich selbst retten. Jesus kann aber ein Vorbild sein, um zu lernen, in welcher Form man den Weg selbst gehen kann.

Die meisten Menschen sind nicht im Licht, sondern befinden sich irgendwo in der Dunkelheit. Wir Menschen haben uns auf der Erde und damit in der Materie und in der Dunkelheit inkarniert. Einen Jesus im Licht könnten viele gar nicht erreichen oder auch nur wahrnehmen.

Bevor ich die Bedeutung der fünf Wundmale des Jesusbildes in der Westrose so erkläre, wie ich sie verstehe, noch einige Worte zu den Stigmata. Meine Gedanken darüber mögen die Leserinnen und Leser annehmen, die es möchten, und die anderen mögen sie

112

verwerfen. Nicht immer sind diese Wunden bei Menschen ein wirkliches Zeichen hoher Meisterschaft oder Spiritualität. In vielen Fällen haben sich Menschen diese Wunden durch ihre eigenen Gedanken und Gefühle selbst zugefügt. Manchmal geschieht dies auch durch die absolute Identifizierung mit dem Menschen Jesus.

Das geborene göttliche Kind hat mit den Stigmata nichts zu tun. Irgendwann in der spirituellen Entwicklung kommt der Zeitpunkt, sich von allen Meisterinnen und Meistern, Engeln und Genien zu verabschieden. Den eigenen und nicht einen fremden inneren Funken zum Brennen zu bringen, das ist die höchste Aufgabe des Menschen.

Als Symbol des auferstandenen Jesus haben die Wundmale eine völlig andere Bedeutung. Es ist das Symbol der Fischblase, welches am Körper des auferstandenen Jesus zu sehen ist.

Die vier Gliedmaßen symbolisieren die vier Elemente. Die Wunde auf dem Brustkorb ist das fünfte Element, das Akasha. Durch die Mandorla auf den Hand- und Fußflächen erkennt man, dass sich Jesus über die vier Elemente in allen Dimensionen bewegen kann. Er hat Zugang zu den Elementen und zu den inneren Geheimnissen der Elemente. Durch die Mandorla auf seinem Brustkorb ist Jesus mit dem Göttlichen verbunden.

Die Westrose von Chartres wird immer als Darstellung des Jüngsten Gerichts verstanden. Irgendwann in ferner Zukunft sollen alle Seelen auferstehen und dann soll über sie gerichtet werden. Man stelle sich viele Milliarden Menschen vor (die Wiedergeburt wird ja von der Kirche nicht angenommen), die inzwischen auf der Erde gelebt haben und die plötzlich alle zugleich gerichtet werden sollen. Davon kommt nun der größte Teil in die Hölle oder in ein Fegefeuer.

Diese Interpretation des Jüngsten Gerichts hat mit Spiritualität oder dem Glauben an die Liebe nichts zu tun. Was denkt man sich dabei, wenn man sagt, dass eine Seele aufgrund eines Lebens von vielleicht 80 Jahren bis in alle Ewigkeit, also viele Millionen und Milliarden Jahre, in der Verdammnis sein soll? Ein schlimmeres Horrorszenario und eine größere Angstmacherei gibt es ja gar nicht!

Der Jüngste Tag des Gerichts ist nicht in ferner Zukunft, sondern, wie es der Name sagt, jetzt sofort. Der Jüngste Tag ist heute! Und davon handelt die Westrose von Chartres! Die Bilder auf der Westrose erzählen, was geschieht, wenn sich ein Mensch ernsthaft auf den Weg der Wahrheitssuche begibt.

Der Jüngste Tag ist, wenn sich ein Mensch entschließt, selbst die Verantwortung zu übernehmen, und dies geschieht in Chartres durch den bewussten Weg durch das Labyrinth.

Es ist deshalb der jüngste Tag, weil der Mensch nun selbst für die Geburt des Sohnes Gottes an sich arbeitet. Sein eigenes Leben, seine Gedanken, Worte und Taten sind der einzige Gradmesser. Mitgefühl und Rechtschaffenheit werden die Geburt unterstützen, Habgier und Ausschweifungen werden sie verzögern. Es ist unsere eigene Wahl.

Es geht in jeder Rechtsprechung, so auch beim Jüngsten Gericht, immer um eine Form des Ausgleichs. Das alte Gesetz der Babylonier, Auge um Auge und Zahn um Zahn, spricht von einer Art der Gerechtigkeit, welche nur einen Teil des kosmischen Gesetzes des Karmas herausnimmt und es als allgemeingültiges Gesetz für die Menschen bestimmt. Es wäre niemandem möglich, weiter in das Licht zu gehen, wenn es die göttliche Gnade und Barmherzigkeit nicht gäbe. Wir würden uns alle unrettbar verstricken.

In mehreren Bildern sehen wir auf der Westrose einige Dämonen zwischen verschiedenen Menschen. Auf einer Darstellung hält der Erzengel Michael eine Waage in der Hand und ein Dämon schaut ihm dabei zu. Auf der einen Waagschale befinden sich die Taten aus unseren verschiedensten Leben, durch die wir uns selbst und anderen Menschen Leid und Schmerz zugefügt haben. Diese Taten sind auf den Ebenen der Dunkelheit gespeichert.

Auf der zweiten Waagschale liegen die Absichtserklärung und der Wille, für den Ausgleich zu sorgen. Wenn der Wille da ist, etwas zu ändern – deshalb hebt der Erzengel Michael die Waage –, wird man einen Weg finden, dass dies geschehen kann. Auch dieser Weg des Ausgleichs liegt in der Einweihung der runden Tafel.

Was geschieht, wenn jemand einen Schritt in das Licht macht? Nach dem Gesetz der Dualität öffnen sich Dunkelheit und Licht im gleichen Maße.

Man kann es ungefähr so beschreiben: Jemand ist auf seinem Weg bestrebt, in das Licht zu kommen, was er über seine Gedanken Schritt für Schritt manifestiert. Nun öffnet sich die Dunkelheit, die dem Licht entspricht. Diese Öffnung der Dunkelheit hat nichts mit Bosheit zu tun, es handelt sich um eine Gesetzmäßigkeit.

Entgegen der Meinung vieler, gibt es in der Bibel sehr wohl Berichte über die Wiedergeburt und die Lehre der

Reinkarnation. Im Matthäusevangelium stehen folgende Sätze:

Als Jesus in das Gebiet von Cäsarea Philippi kam, fragte er seine Jünger: „Für wen halten die Menschen den Menschensohn?" Sie sagten: „Die einen für Johannes den Täufer, die anderen für Elija, wieder andere für Jeremia oder sonst einen Propheten."

Wie kann man jemanden, der lebt, für einen anderen halten, der schon gestorben ist? Die einzige Möglichkeit ist die Wiedergeburt. Manche Menschen waren damals der Meinung, dass Jesus die Reinkarnation eines Propheten war. Ein anderes Beispiel ist das folgende:

„Ich aber sage euch: Elija ist schon gekommen, doch sie haben ihn nicht erkannt, sondern mit ihm gemacht, was sie wollten. Ebenso wird auch der Menschensohn durch sie leiden müssen." Da verstanden die Jünger, dass er von Johannes dem Täufer sprach.

Hier wird nichts anderes gesagt, als dass Johannes der Täufer die Wiedergeburt des Propheten Elija ist. Ich nenne diese Beispiele nur, um vier Bilder im äußeren Kreis in der Westrose zu erklären. In ihnen sieht man je zwei Menschen, die aus einem Sarg steigen. Es sei wiederholt, dass dies nichts mit einem Jüngsten Gericht in ferner Zukunft zu tun hat.

Auf der Suche begegnet man immer wieder Qualitäten, die man mit dem jetzigen Leben nicht in Zusammenhang bringen kann. Man beginnt, sich langsam an alte Inkarnationen oder frühere Leben bewusst oder unbewusst zu erinnern.

Diese erkennt man oft als Energien an der Oberfläche, die in die Klarheit und die Transformation kommen wollen. Manchmal scheint es einem auch, als sei man in einem früheren Leben schon auf einem sehr hohen spirituellen Niveau gewesen.

Alle früheren Leben kann man als eine Art Vorbereitung auf das gegenwärtige Leben betrachten. Die Menschen, die in den Bildern der Westrose aus dem Sarg steigen, sind unsere vergangenen Inkarnationen.

Lang habe ich die beiden Zahlen der Bausteine des Lebens in den Fensterrosen von Chartres gesucht. Die heilige Zahlen 12 und 13 sind nicht schwer zu finden, fast jedes Fenster erzählt davon, aber die 20 Bausteine des Lebens konnte ich nicht erkennen.

Erst als ich von der Aufteilung der Aminosäuren in 12 und 8 erfuhr, fiel es mir wie Schuppen von den Augen. Im äußeren Kreis der Westrose sind zwölf Fenster mit den verschiedenen Darstellungen. Manche erkläre ich in diesem Kapitel.

Jedes dieser Fenster ist nun wieder von acht kleinen Fenstern umgeben. Jetzt ist es einfach und gut zu erkennen, dass auch in der Westrose die Unterteilung der 12 plus 8 Aminosäuren enthalten ist. Wenn man sich näher mit der Zahlensymbolik beschäftigt, erkennt man in der Aufteilung der Fenster zahlreiche Besonderheiten.

Die zwei obersten Bilder tragen eine besondere Botschaft in sich. Wie kommt man auf die Idee, dass sie die Leidenswerkzeuge von Jesus darstellen, wie es meistens beschrieben wird? Wenn man sie genau betrachtet, erkennt man im rechten Bild eine grüne Krone und eine Lanze und im linken Bild ein leeres

Kreuz. Die Gegenstände werden jeweils von einem Engel gehalten.

Das Kreuz bedeutet hier die Ausgeglichenheit der vier Elemente, welche der Suchende bestrebt ist, in sich zu erreichen. Wer soll nun die grüne Krone tragen, wenn nicht der Mensch, der den Gral in sich selbst gefunden hat? Auch die Lanze erzählt von der Gralssuche, da der Gral und die Lanze nie getrennt werden sollen.

Das Labyrinth, die drei Längsfenster, die Westrose und das Westportal tragen in sich die Qualitäten der runden Tafel. Der Weg durch das Labyrinth ist der Weg der Liebe, der in die Kathedrale eingeschrieben ist. Persönlich verlasse ich das Labyrinth immer in Richtung der quadratischen Tafel.

Schon die erste Tafel des Heiligen Grals trägt in sich die Entwicklung des Menschen im Sinne der zweiten Geburt. Man kann nun erahnen, wie komplex der Zusammenklang der runden Tafel mit der ganzen Kathedrale ist. Es kann im Grunde nichts getrennt und gesondert voneinander beschrieben werden.

Jedes Mal, wenn ich selbst durch das Labyrinth gegangen bin, habe ich Besonderheiten erkannt, und in mir begann eine langsame Wandlung, welche ich am Anfang gar nicht bemerkte. Das Labyrinth wirkt sanft und doch mit höchster Macht.

DAS GEHEIMNIS DER
QUADRATISCHEN TAFEL

Als ich das letzte Mal Chartres besuchte, war es mir ein besonderes Anliegen, schon früh am Morgen den Tag mit einer kurzen Meditation im Garten von Chartres zu beginnen. Der Platz, der mich gerufen hat, ist mir seit langem bekannt, und jedes Mal, wenn ich ihn besuche, ist mir, als wenn ich einen alten Freund treffe, den ich sehr liebe. Jede Begegnung mit diesem Meisterplatz öffnet in mir Türen, und die großen Geschenke, die ich erhalten habe, kann ich gar nicht beschreiben. Es ist auf diesem Platz ein großer Meister der Kelten präsent, der mir Schritt für Schritt viele alte Geheimnisse nähergebracht hat. Am Morgen, wenn die Sonne gerade aufgegangen ist, wurden für mich die Tage in Chartres durch die Berührung des alten Meisterplatzes zu heiligen Tagen.

Immer wieder habe ich die Liebe und Weisheit der alten Meister kennenlernen dürfen, und die unermesslichen Geschenke kurzer Berührungen trage ich in meinem Herzen und hüte sie wie einen großen Schatz. Es ist unsere innere Vergangenheit, mit welcher uns die großen Meisterinnen und Meister in Berührung bringen. Dort führt uns der Weg der Ermächtigung hin. Je enger wir mit der Vergangenheit in Kontakt kommen und die alte Weisheit in uns erkennen, desto weiter geht der Weg unserer spirituellen Reise in die Gegenwart und damit in das Jetzt. Wenn man beginnt zu erkennen, dass alles, auch die jüngsten Ereignisse, zum Leben erwachte Mysterien sind, die gleich einem göttlichen Plan auch das Geschehen im Inneren der Menschen nachzeichnen, und dass damit das Innere mit dem Äußeren in ständiger Wechselwirkung steht, ist man auf dem Weg in das Jetzt. Diese Gegenwart, von der ich spreche, ist nicht das Nichts, sondern durch die absolute Wachsamkeit die Erkenntnis der Liebe, Weisheit und Macht in jedem Augenblick.

Der Einweihungsweg, den heute in der Kathedrale jeder Mensch beschreiten kann, war in einer anderen Form schon vor Tausenden von Jahren für die Priester der alten Völker auf dem Hügel begehbar. Damals waren es unterirdische Wege, die unter Dolmen durchführten und in bestimmten Höhlen endeten. Dort verbrachten die Priester die Nacht, um am nächsten Tag wie aus dem Schoß der Mutter in das Licht des Tages zu gehen. In der Dunkelheit der Höhle legten sie die Eigenschaften ab, die sie daran hinderten, die höheren Mysterien zu erleben. Anleitung erhielten sie damals von den Weisheitslehrern der Druiden.

In der Kathedrale finden wir die Ermächtigung auf der quadratischen Tafel. Die vier Eckpunkte symbolisieren die vier Elemente.

Der ursprüngliche Einweihungsweg der quadratischen Tafel ist heute vom Volksaltar überbaut und durch Seile den Menschen versperrt. Es ist nicht sicher, ob hier ursprünglich ein Mandala war oder ein weiteres Labyrinth. Heute sprechen die Priester von diesem Ort der Macht und Kraft aus zu den Menschen.

Eine quadratische Tafel mit dem gleichen Umfang wie das Labyrinth passt genau zwischen die Säulen, wo der heutige Volksaltar steht. Die Diagonale dieses Quadrat entspricht der Entfernung zweier Säulen in der Vierung.

Als ich vor einigen Jahren das erste Mal einen symbolischen Weg der quadratischen Tafel gegangen bin, habe ich mich von den Absperrungen nicht abhalten lassen. Meiner inneren Intuition folgend, bin ich im Bereich des Volksaltars durch ein imaginäres Mandala gewandert und wurde von den einzelnen Plätzen berührt.

Heute ist es kaum mehr möglich, diese Tafel in dieser Form zu gehen, es sei denn, in der Kathedrale sind keine anderen Menschen. Es ist auch nicht leicht, sich in einer meditativen Stimmung zu fühlen, wenn man immer die Furcht im Hinterkopf hat, von einem der Wärter erwischt zu werden.

Ein Geheimnis ist folgendes: Die Qualität der quadratischen Tafel finden wir in der Süd- und Nordrose mit den Längsfenstern und dem Süd- und Nordportal. Auch hier haben die Baumeister die Qualität der quadratischen Tafel für uns sichtbar hinterlassen. Darüber in diesem und im nächsten Kapitel noch Genaueres.

Auf der quadratischen Tafel, die ja der Grundriss einer Pyramide nach oben und nach unten ist, liegt der Schlüssel in den vier Eckpunkten und im Zentrum.

Dort sind die Qualitäten der vier Elemente verborgen. Grundsätzlich gibt es die Elemente betreffend verschiedene Elementeschlüssel. Zu sagen, dass an einem Punkt ein bestimmtes Element wirkt, hat deshalb immer auch etwas damit zu tun, welchen Elementeschlüssel man praktiziert.

DIE VIER ELEMENTE

Im Allgemeinen meint man, wenn man von den Elementen spricht, die vier Elemente Feuer, Wasser, Luft und Erde. Das fünfte Element Akasha, das in der grobstofflichen Ebene der Äther ist, wird als Ursachenprinzip definiert. Grundsätzlich bilden die Elemente die gesetzmäßige und substanzielle Grundlage des gesamten Universums.

Unbekannt ist, dass es unterschiedliche Schlüssel der Elemente gibt. Diese Schlüssel definieren jeweils einen Aspekt ihrer Wirkung. Oftmals ist es so, dass eine bestimmte Religion einen der Elementeschlüssel als ihre Ordnung der Elemente definiert.

Universalschlüssel
Dualschlüssel
Individualschlüssel

Zum Beispiel ist der Universalschlüssel in der Hermetik der wesentliche Schlüssel. Den Individualschlüssel findet man in der freimaurerischen Hermetik. Es ist auch dieser Elementeschlüssel, der von Aristoteles überliefert wurde. Der Dualschlüssel erklärt die Bildung der Kundalini und definiert das universal weibliche und universal männliche Prinzip im

Universum. Auch in der Astrologie kann man den Dualschlüssel der Elemente erkennen. Es gäbe zahlreiche Beispiele, und wer sich dafür interessiert, wird sie in den Religionen der Welt auch finden. Man kann daher nicht sagen, dass es einen falschen oder einen richtigen Elementeschlüssel gibt. Es geht vielmehr um die Betrachtung der Elemente aus unterschiedlichen Blickwinkeln.

Zu den vier Elementen ist noch zu sagen, dass sie kosmische Prinzipien darstellen. Das auf der Erde bekannte Feuer in Form eines Lagerfeuers, das Wasser eines Flusses, die Luft der Atmosphäre und die Erde sind grobstoffliche Ausdrucksformen der vier Elemente. Auch die Beschaffenheit eines Atoms wird durch die vier Elemente definiert. Über das Proton wirkt der Magnetismus des Elements Wasser, über das Neutron die Neutralität des Elements Luft, über das Elektron die Expansion des Feuers und über das gesamte Atom die Zusammenfassung des Elements Erde.

Die der Periodentafel entsprechenden Elemente wie Wasserstoff, Helium und so fort sind die Konsequenz der Wirkung der fünf Elemente im Universum.

Die Elementeschlüssel definieren eine physikalische und eine feinphysikalische Struktur, die in sich ein Gleichgewicht enthält.

Der Universalschlüssel ist der erste Schlüssel und alle daraus folgenden Elementeschlüssel sind eine sich daraus ergebende Konsequenz.

Feuer	
Wasser	
Luft	
Erde	

Die hierarchische Ordnung der vier Elemente im Universalschlüssel beginnt mit dem Element Feuer. Das Expansive und Elektrische des Feuers hat als Konsequenz die Zusammenziehung und den Magnetismus des Wassers.

Vereinfacht kann man dies so erklären, dass eine expansive Bewegung ausgehend von einem Zentrum eine magnetische Rückführung der Materie durch die Gravitation zur Folge hat.

Als drittes Element obliegt es der Luft, die beiden Elemente Feuer und Wasser zu verbinden. Gleichzeitig definiert die Luft den Inhalt der Substanz, da sie sowohl das Feuer wie auch das Wasser durchdringt. Das Element Luft erhält seine Eigenschaften von den Elementen Feuer und Wasser. Das Element Erde schließlich fasst alle drei Elemente zu einem vierten Element zusammen. Jedes der vier Elemente im Universalschlüssel besitzt gewisse Eigenschaften.

Feuer	*Expansion, Elektrik*
Wasser	*Zusammenziehung, Magnetismus*
Luft	*Wärme und Feuchtigkeit*
Erde	*Erstarrung*

Auch der Elektromagnetismus ist eine Eigenschaft des Elements Erde, wobei es diese durch die Verbindung der Elektrik und des Magnetismus der Elemente Feuer und Wasser erhält.

Den Geist des Menschen betreffend entsprechen die vier Elemente den vier Grundeigenschaften des Geistes, wie sie in der Hermetik zugeordnet sind:

Feuer	*Wille*
Wasser	*Fühlen*
Luft	*Intellekt*
Erde	*Bewusstsein*

In der Seele können die seelischen Eigenschaften ebenso über die vier Elemente erklärt werden:

Feuer
Positiv: *Aktivität, Begeisterung, Mut*
Negativ: *Aggression, Überreizung, Hass*

Wasser
Positiv: *Ruhe, Stille, Mitgefühl*
Negativ: *Teilnahmslosigkeit, Niedergeschlagenheit, Schüchternheit*

Luft
Positiv: *Leichtigkeit, Klarheit, Toleranz*
Negativ: *Oberflächlichkeit, Einbildung, Intoleranz*

Erde
Positiv: *Verantwortungsgefühl, Festigkeit, Pünktlichkeit*
Negativ: *Faulheit, Geringschätzung, Gewissenlosigkeit*

Wer darüber nachdenkt, wird die Analogie zwischen den geistigen und den seelischen Eigenschaften in ihrer elementischen Zuordnung gut erkennen können.

Durch die Wirkung des Universalschlüssels hat sich über die Elemente Feuer und Wasser eine expansiv-elektrische und eine zusammenziehend-magnetische Polarität ergeben. Aus diesen Polaritäten entstehen das männliche wie das weibliche Prinzip, welche wiederum durch die vier Elemente definiert werden können. Das ist die Bedeutung des Dualschlüssels.

Das männliche wie das weibliche Prinzip erklären sich jeweils über einen strukturgebenden und einen bewegenden Teil.

Feuer
Erde
Luft
Wasser

Hierbei bildet das Element Erde das strukturgebende und das Element Feuer das bewegende Element des männlichen Prinzips. Dem Geist entsprechend bedeutet dies, dass der Wille und das Bewusstsein dem männlichen Prinzip zugeordnet sind.

Das Element Luft bildet das strukturgebende und das Element Wasser das bewegende Element des weiblichen Prinzips. Der Intellekt und das Fühlen sind demnach als Grundeigenschaften des Geistes dem weiblichen Prinzip zugeordnet.

Das männliche Prinzip möchte sich über den Willen (Feuer) ausbreiten und über das Bewusstsein (Erde) den jeweiligen Raum befruchten. Diese Kraft wohnt diesem Prinzip deshalb inne, weil die Elemente physikalisch und feinphysikalisch in dieser Weise agieren.

Das weibliche Prinzip nimmt über das Fühlen (Wasser) das männliche Prinzip in sich auf und definiert über den Intellekt (Luft) den Inhalt dessen, was das männliche Prinzip befruchtet.

Beide Prinzipien sind in ihrer Ausrichtung absolut.

Feuer und Erde	*männliches Prinzip*
Luft und Wasser	*weibliches Prinzip*

Aktiviert man in sich gleichzeitig das männliche und das weibliche Prinzip und hält diese über die Konzentration aufrecht, dann erwacht im Beckenboden jene Kraft, die im Osten als Kundalini bekannt ist.

Der Vollständigkeit halber möchte ich erwähnten, dass Mann und Frau beide Polaritäten in sich tragen. Das physische Geschlecht erklärt nur eine Polarität des grobstofflichen Körpers und ist in einer gewissen Weise einseitig.

Spricht man in den Mysterien vom „Sohn Gottes", dann meint man ein göttliches Bewusstsein im Menschen. Dies ist grundsätzlich unabhängig davon, ob man als Mann oder als Frau geboren wurde.

Der dritte Schlüssel, der Individualschlüssel der vier Elemente, definiert das Agieren des Individuums Mensch. Der Individualschlüssel ist die Konsequenz der beiden vorhergehenden Schlüssel. Man könnte ihn gleichnishaft als das „Kind" des Universalschlüssels und des Dualschlüssels betrachten.

Feuer
Luft
Wasser
Erde

In den beiden vorhergehenden Schlüsseln ist die Wirkung der Elemente gewissermaßen vorbehaltlos und folgt den physikalischen Gesetzen. Dies verändert sich in einer gewissen Weise.

Das aktive Prinzip des Individualschlüssels erhält vom Universalschlüssel das Feuer und vom Dualschlüssel die Luft.

Feuer und Luft bilden somit eine Einheit. Dies spiegelt sich im Willen und im Intellekt wider. Auf das Leben übertragen bedeutet dies, dass sich der Mensch seine willentlichen Handlungen intelligenzhaft überlegen kann. Man kann das aktive Prinzip des Kindes (Individualschlüssel) über die Elemente Feuer und Luft auch als das Erbe des Vaters (Universalschlüssel) und der Mutter (Dualschlüssel) betrachten.

Das passive Prinzip beinhaltet somit die beiden Elemente Wasser und Erde, welche wiederum eine Einheit bilden. Das Fühlen und das Bewusstsein sind demnach die Konsequenz des Willens verbunden mit dem Intellekt. Auch hier kann man das Wasser und die Erde auf das Erbe des Universalschlüssels und des Dualschlüssels zurückführen.

Man findet diesen Individualschlüssel auch über das sogenannte Stirnchakra. Die beiden Blütenblätter stellen den Willen und den Intellekt dar. Der Dualschlüssel definiert das Wurzelchakra und der Universalschlüssel das Kronenchakra.

Die Chakras betreffend beschränken sich ihre Bedeutungen auf den Raum außerhalb des Vorhangs und finden im kosmischen Bewusstsein ihre höchste Verwirklichung.

Folgende Analogie hilft im Verständnis:

Universalschlüssel	*analog dem Element Feuer*
Dualschlüssel	*analog dem Element Wasser*
Individualschlüssel	*analog dem Element Luft*

Auf der runden Tafel werden wir durch die vier Elemente im Sinne der inneren Reinigung berührt. Nun kommt der Zeitpunkt, wo wir uns selbst ermächtigen, unser eigenes Leben zu gestalten. Das bedarf der Übung, der Meditation und der Kontemplation.

Die Aufgabe besteht darin, sich selbst in den Elementen zu meistern. Wer möchte, kann sich auf die Eckpunkte des Quadrats stellen und sich dort mit einem der vier Elemente innerlich in Verbindung setzen.

LEONARDO DA VINCI UND DAS GEHEIMNIS DER DREI TAFELN VON CHARTRES

TEIL 3

Der Individualschlüssel birgt ein Besonderheit, welche zu wissen für ein tieferes Verständnis wesentlich ist. Es geht nämlich um die diesem Schlüssel innewohnende mögliche Oberflächlichkeit. Diese begründet sich auf den sogenannten Urqualitäten der Elemente. Sie befinden sich zwischen den Elementen; eine Urqualität definiert sich über eine Eigenschaft, die beiden Elementen innewohnt.

warm
Die Urqualität der Elemente Feuer und Luft

feucht
Die Urqualität der Elemente Luft und Wasser

kalt
Die Urqualität der Elemente Wasser und Erde

trocken
Die Urqualität der Elemente Erde und Feuer

Man kann sich dies auch in einem Kreis vorstellen, wobei sich die Urqualitäten zwischen den Elementen befinden. Wer sich näher damit beschäftigt, wird erkennen können, dass es möglich ist, seelische Eigenschaften auch über die Urqualitäten zu definieren.

Die Problematik hierbei ist folgende: Die Definition der Urqualitäten bezieht sich auf den Individualschlüssel. Die Eigenschaften der Elemente der beiden vorhergehenden Schlüssel sind nicht Teil dieser Einteilung. Wer ausschließlich mit diesem Schlüssel arbeitet, erreicht nicht die Tiefe der Elemente der beiden vorhergehenden Schlüssel, er bleibt an der Oberfläche. Wer mit diesem Schlüssel arbeitet, muss ihn als Summe der beiden vorhergehenden Schlüssel erkennen.

Es gibt in Verbindung mit der Zeichnung von Leonardo da Vinci und dem Individualschlüssel eine erstaunliche Gemeinsamkeit. Die geometrischen Körper verhalten sich untereinander in einer analogen Weise wie die vier Elemente und die vier Urqualitäten des Individualschlüssels.

Element Feuer	*großes Quadrat*
Element Wasser	*kleines Qudrat*
Element Luft	*Rechteck*
Element Erde	*Kreis*

Die Eigenschaften der Elemente in Bezug auf ihre Urqualitäten findet man in den Eigenschaften der vier geometrischen Figuren.

Urqualität warm	*großer Umfang*
Urqualität feucht	*unsichtbar*

Urqualität kalt *kleiner Umfang*
Urqualität trocken *sichtbar*

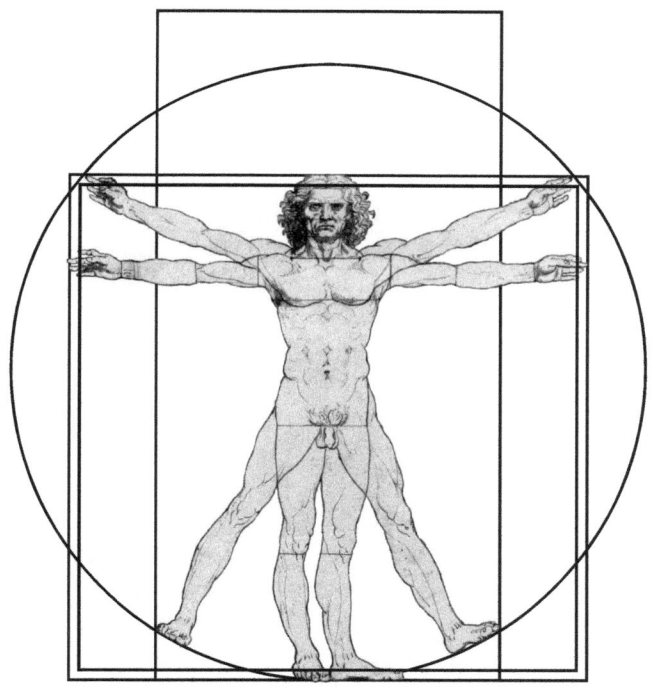

Abb. 12: Die vier Elemente und die vier
Urqualitäten in der Zeichnung von Leonardo da
Vinci

Die Urqualität warm gehört zu den Elementen Feuer
und Luft. In gleicher Weise teilen sich das große
Quadrat und das Rechteck den gleichen Umfang.

133

Großer Umfang (warm)
Die Gemeinsamkeit des großen Quadrats (Feuer) und des
Rechtecks (Luft)

Unsichtbar (feucht)
Die Gemeinsamkeit des Rechtecks (Luft) und des kleinen
Quadrats (Wasser)

Kleiner Umfang (kalt)
Die Gemeinsamkeit des kleinen Quadrats (Wasser) und
des Kreises (Erde)

Sichtbar (trocken)
Die Gemeinsamkeit des Kreises (Erde) und des großen
Quadrats (Feuer)

Die Eigenschaften der geometrischen Figuren zu ihren Eigenschaften verhalten sich zu ihnen wie die vier Urqualitäten zu den vier Elementen.

Immer wieder wird der Templerorden als Ursprung der unterschiedlichen Logen betrachtet. Ich teile diese Ansicht und bin der Überzeugung, dass auch Leonardo da Vinci Mitglied von mindestens einer Loge war. Die Gemeinsamkeit aller Logen ist der Tempel von Salomon und die ägyptische Einweihungslehre, die Hermetik.

Grundlage der Hermetik sind die vier Elemente Feuer, Wasser, Luft und Erde. Darauf bauen sich die gesamten hermetischen Wissenschaften der Magie, der Kabbala, der Alchemie und der Astrologie auf. Die Voraussetzung für diese Zeichnung ist ein hermetisches Grundwissen. Leonardo da Vinci hat über die Geometrie Grundlagen der vier Elemente in der Zeichnung dargestellt.

Man findet in dieser Zeichnung nämlich noch einen Elementeschlüssel, nämlich den Dualschlüssel. Das männliche Prinzip wird über die Elemente Feuer und Erde und das weibliche Prinzip über die Elemente Luft und Wasser gebildet.

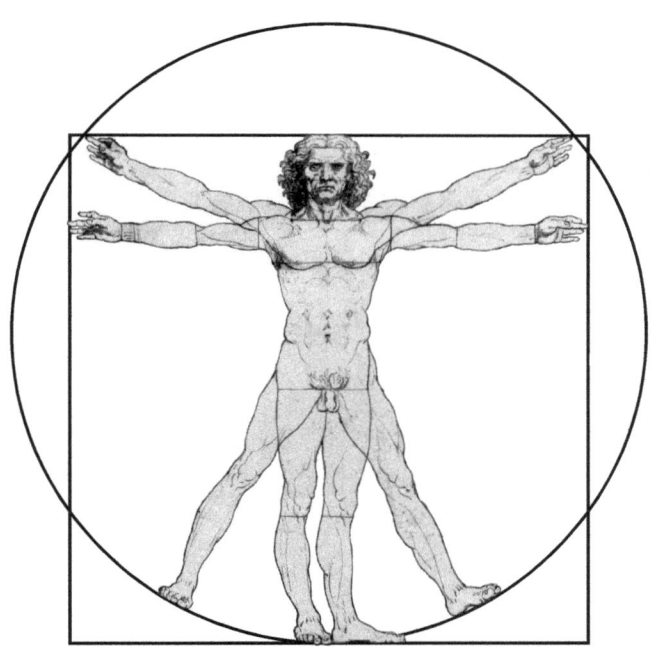

Abb. 13: Der Dualschlüssel der vier Elemente in der Zeichnung von Leonardo da Vinci

Sichtbar sind die geometrischen Körper der Elemente Feuer (großes Quadrat) und Erde (Kreis), also das männliche Prinzip. Unsichtbar ist das weibliche Prinzip, das kleine Quadrat für das Element Wasser und das Rechteck für das Element Luft.

DIE LEHRE DER HARMONIE

An beiden Portalen sind unzählige Figuren und biblische Geschichten dargestellt. Eine Beschreibung würde einer Deutung zahlreicher Gleichnisse des Alten Testaments gleichkommen und übersteigt den Rahmen dieses Buches bei weitem. Doch ist es wichtig, den grundlegenden Unterschied zwischen den beiden Portalen zu erkennen.

Eigentlich sind sie nicht im Norden und im Süden, sondern natürlich im Nordwesten und im Südosten. Die gängigen Namen wurden deshalb gewählt, weil das einfacher ist.

Wunderschön müssen die Portale nach der Fertigstellung ausgesehen haben. Sie waren nämlich bunt, ähnlich den Fenstern, und nicht einheitlich grau. Stellen Sie sich dieses Farbenspiel von Hunderten von Figuren vor! Der Weg in die Kathedrale ist ein Weg der Pracht und Herrlichkeit und nicht ein Weg der Eintönigkeit und der Langeweile! Leider wird dies zu oft vergessen.

Immer wieder bin ich unter einem der Eingänge gestanden und habe die Qualitäten der Steine auf mich wirken lassen. Leise entwickelt sich so in jedem Menschen ein Magnetismus, der einen zu verschiedenen Statuen hingehen lässt.

Die alten Meister Europas bezeichneten den elektrischen und den magnetischen Fluid oder das Yang und das Yin mit dem Wort Wouivren, die Himmelsschlange und die Erdenschlange. Es gibt zwei Orte in Chartres, wo diese speziellen Qualitäten auf den Menschen ganz besonders wirken, nämlich genau unter dem Südportal und unter dem Nordportal. Der Begriff Wouivren wird heute im Gegensatz zu seiner eigentlichen Bedeutung für alle Energien unter der Erde verwendet. Ursprünglich wurden damit die beiden Polaritäten bezeichnet.

Die Mittelfigur am Nordportal ist die Heilige Anna mit dem Kind Maria im Arm. Sie ist die zentrale Figur, welche die Qualität des Nordwestens trägt. Als entgegengesetzte Polarität steht in der Mitte des Südportals eine Figur von Jesus und damit eine männliche Figur.

Jesus steht in dieser Darstellung auf zwei Schlangen. Diese symbolisieren die beiden Wouivren. Jesus will sie natürlich nicht zertreten, wie es manchmal erklärt wird, das ist völlig absurd. Mit dieser Statue wird die Herrschaft von Jesus über die beiden Fluide ausgedrückt.

Liest man eine Geschichte in der Bibel, geschieht sehr viel mehr als nur die Übermittlung von Informationen. Es erwachen Wesensteile in uns, die uns bei der Entwicklung weiterhelfen. Die Adepten der Templer wussten von diesen Dingen und haben diese Geschichten in Bilder gepackt, die an den Portalen zu sehen sind. Immer wird damit die Heilung der beiden Pole unterstützt.

Wenn man die Statuen einfach nur im Vorbeigehen einmal schnell von der Seite betrachtet, wird nicht viel geschehen. Wenn man ihnen Achtsamkeit und Aufmerksamkeit schenkt, werden sie antworten. Manchmal vielleicht auch erst etwas später, wenn man es nicht mehr mit den Statuen in Verbindung bringt.

Abb. 14: Die beiden Statuen am Nord- und am Südportal von Chartres

Schon in jungen Jahren habe ich mich entschlossen, die Musik zu meinem Beruf zu machen. Stundenlang bin ich hinter der Gitarre oder anderen Instrumenten gesessen und fand in der Musik viel von meiner inneren Heimat. Nach der Schule habe ich dann Musik in Innsbruck und in Wien studiert und nach den Musikdiplomen immer wieder Konzerte gegeben, einige Zeit die Lienzer Meisterkurse für Gitarre organisiert und als Lehrer gearbeitet. Es war für viele Jahre eine schöne und sehr intensive Zeit.

Jahre später, als ich mich aus der offiziellen Musikwelt zurückgezogen hatte (viele Dinge waren für mich nicht mehr stimmig), nahm ich meine erste Solo-CD mit Stücken aus der klassischen Gitarrenliteratur auf. Schon vor diesen Aufnahmen hatte ich mich entschlossen, mein Leben der Wahrheitssuche zu widmen. So war auch der Beginn für diesen nächsten Lebensabschnitt die Musik.

Viele Literaten und Musiker haben durch ihre Werke die Tradition der alten Meister Europas als Hüter der Sprache und der Musik weitergetragen. Das Bardentum als Grundlage der europäischen Priesterschaft war und ist untrennbar mit der Musik und der Literatur verbunden. Daran hat sich auch bis heute nicht viel geändert.

In der Musiktheorie als Wissenschaft der Zahlen in ihrer umfassenden Bedeutung findet man einen Schlüssel für das Verständnis des dritten Maßes von Chartres.

Schon durch den Namen Harmonielehre, welche die Musiktheorie beschreibt, erkennt man, dass im Zusammenhang der Töne die Gesetzmäßigkeiten der Musik verborgen liegen. Es ist die Lehre der Harmonie.

Jeder kennt Akkorde, die für unser Ohr „harmonisch"
klingen. Bei anderen Akkorden haben wir den Eindruck,
dass sie einfach nicht stimmen. Wieder kommt es
besonders hier auf das persönliche Empfinden an. Wie
sehr sich die Musikgeschmäcker unterscheiden, brauche
ich nicht eigens zu erwähnen.

Und doch liegt der Harmonielehre ein Gesetz
zugrunde, welches alle Musiker teilen. Ein Musikstück
lebt durch Spannung und Entspannung. Diese finden
wir wieder in der Mehrstimmigkeit und damit in den
Harmonien.

Ein Meister der Musik vermag es, durch die
Harmonien der Musik den Zuhörer durch eine wahre
Zauberwelt zu führen. Dies gelingt ihm, weil er die
Gesetze der Harmonielehre versteht. Er weiß, wann ein
Akkord sphärisch, trocken, froh oder traurig klingt. Dies
verstärkt er, indem er viele Akkorde miteinander
verbindet und so einen Spannungsbogen durch ein
ganzes Musikstück führen kann.

Im Gegensatz zur Malerei, wo die gesamte
Komposition eines Bildes in einem Augenblick im Raum
auf uns wirkt, erfahren wir die Musik erst durch unser
Empfinden der Zeit. Man braucht für ein Stück, welches
fünf Minuten dauert, genau fünf Minuten. Diese
Selbstverständlichkeit, die ich hier eigens erwähne,
erhält in der Betrachtung der Zeit im Verhältnis zum
Raum plötzlich ein anderes Gesicht. Das Leben selbst
trägt in sich immer Spannung und Entspannung. Nun
gibt es in der Harmonielehre einen bestimmten Akkord,
der wie kein anderer eine besondere Spannung in sich
trägt, die immer aufgelöst wird. Diesen Akkord nennt
man Dominantseptakkord.

Jedes Stück in der traditionellen Musiklehre ist in einer bestimmten Tonart, C-Dur, Fis-moll oder Ais-Dur usw., niedergeschrieben. Man kann sagen, dass es in einer Tonart beginnt und auch wieder endet. Alle Akkorde, welche dazwischen vorkommen, stehen in irgendeinem Bezug zu dieser Grundtonart. Bevor sich die Spannung der Musik im letzten Akkord löst, kommt am Höhepunkt der Spannung als vorletzter Akkord dieser sogenannte Dominantseptakkord.

Dieser sehr vereinfachten Beschreibung liegt ein Gesetz des Fortschreitens durch die verschiedenen Harmonien zugrunde. Man könnte sagen, dass man, um eine gewisse Harmonie zu erreichen, zunächst durch manchmal mehr, manchmal weniger Akkorde gehen muss. Wieder hängt es davon ab, wie weit ein Akkord von der Grundtonart entfernt ist.

Es gibt nun in der Harmonielehre zahlreiche Gesetzmäßigkeiten, die diese Formen des Harmoniewechsels beschreiben. Das wichtigste Gesetz, welches sich mit der Reihenfolge der Dominantseptakkorde beschäftigt, nennt sich Quintenzirkel.

Der Name Quint heißt übersetzt fünf und bedeutet den fünften Ton in der siebenstufigen Tonleiter. Der Dominantseptakkord von c ist somit g, von g ist er d, von d ist er a usw., man braucht es nur nachzuzählen. So wie g die Spannung trägt, die sich am Ende wieder in der Grundtonart c auflöst, gilt dieses Gesetz auch für alle anderen Tonarten.

c	d	e	f	g	a	h
1	2	3	4	5	6	7

Siebenstufige Durtonleiter

Daraus entsteht folgende Tonreihe, der sogenannte Quintenzirkel. (Es ist hier nicht nötig, den Aufbau näher zu erklären, man kann das in jedem Harmonielehrebuch gut nachlesen.)

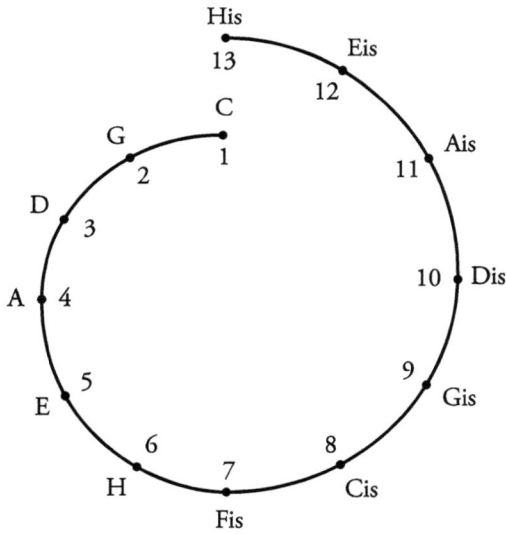

Abb. 15: Der Quintenzirkel

Bis zum zwölften Ton ist alles nachvollziehbar. G ist der Dominantseptakkord von C, D ist der Dominantseptakkord von G, A ist der Dominantseptakkord von D und so fort.

Die Problematik im Quintenzirkel und damit in der gesamten Harmonielehre ist, dass diese Rechnung am Ende mathematisch nicht aufgeht. Es bleibt eine Differenz, die man heute als das sogenannte pythagoräische Komma bezeichnet. Pythagoras hat sich in diesem Rechenbeispiel auf die Harmonielehre in der Musik bezogen und hat diese Differenz herausgefunden, die es aufgrund unserer mathematischen Gesetze nicht geben dürfte.

1000 Hz x 1,5^{12} =
129736,3 Hz : 2 =
64873,2 Hz   : 2 =
32436,6 Hz   : 2 =
16218,3 Hz   : 2 =
8109,1 Hz   : 2 =
4054,6 Hz   : 2 =
2027,3 Hz   : 2 =
1013,6 Hz

Das pythagoräische Komma

Am Beispiel des Quintenzirkels heißt das, dass der 13. Ton (His) nicht identisch ist mit dem ersten Ton (C), sondern um einen Multiplikationsfaktor von 1,0136 höher!

Damit handelt es nicht mehr um einen Kreis, wo wir am Ende wieder beim Ton C ankommen, sondern um eine Spirale. Wenn man sich den Quintenzirkel als Aufstieg in der Pyramide des Lichts auf der quadratischen Tafel vorstellt, schließt sich die Spitze nicht, sondern lässt einen kleinen Spalt nach oben offen.

144

Wir kennen diese Zahl, sie ist identisch mit dem dritten Maß von Chartres.

Bis jetzt haben wir am Klavier immer von links nach rechts gezählt. Die Töne wurden höher und symbolisch liegt darin die Entwicklung in das Licht. Parallel dazu gibt es ein System, welches in der Harmonielehre als Quartenzirkel bezeichnet wird. Quart bedeutet vier, ausgehend vom Ton C kommt danach der Ton F und danach Ais(B) usw.

Dieser Quartenzirkel ist aber nichts anderes als ein Quintenzirkel nach unten; wenn man am Klavier von rechts nach links acht Töne abwärtszählt, kommt man zum Ton F usw. Identisch mit dem Quintenzirkel in das Licht, stößt man auch beim Quintenzirkel in die Dunkelheit auf diese Differenz des pythagoräische Kommas.

Im Grunde gibt es diesen Spiegel des Lichts und der Dunkelheit, den wir durch den Quintenzirkel in der Harmonielehre entdeckt haben, in vielen Formen. Ein Moll-Akkord ist auch nichts anderes als ein nach unten gespiegelter Dur-Akkord. Beim Dur-Akkord zählt man zuerst eine große Terz und dann eine kleine Terz nach oben und beim Moll-Akkord umgekehrt eine große Terz und danach eine kleine Terz nach unten. Auch im Klang entspricht der Dur-Akkord dem Licht und der Moll-Akkord der Dunkelheit.

So liegen in der Harmonielehre der Musik die Geheimnisse der Zahlen verborgen. In ihnen erkennt man die Dimension der Zeit.

In der Kathedrale von Chartres finden wir die Gesetze der Harmonielehre, wie schon beschrieben, als Grundlage in der Architektur. Damit ist automatisch das pythagoräische Komma, welches wir in Chartres als das dritte Maß kennen, in das Weisheitsbuch aus Stein eingeschrieben.

Auch Leonardo da Vinci hat das pythagoräische Komma in den Umfang des sichtbaren und des unsichtbaren Quadrats eingezeichnet.

Im Bauplan der Kathedrale für uns nachvollziehbar wird es erst am Übergang auf die rechteckige Tafel. Erst dort wird der Suchende beginnen, in sich die Gegenwart außerhalb der Spannung von Zeit und Raum zu finden.

DIE SIEBEN FREIEN KÜNSTE

Zur Zeit des Kathedralenbaus gab es in Chartres eine Schule der sieben freien Künste. Aus ganz Europa kamen die Schüler, um an diesem Ort zu studieren. Berühmte Lehrer waren Bischof Fulbert, der die Schule um etwa 990 gegründet hat, oder Thierry von Chartres um 1140.

Diese Lehre der sieben freien Künste hatte ihren Beginn in der alten hermetischen Wissenschaft der Buchstaben und Zahlen. Um 500 nach unserer Zeitrechnung wurden die sieben freien Künste in das sogenannte Trivium mit drei Fächern (Grammatik, Rhetorik und Dialektik) und das Quadrivium (Musik, Mathematik, Geometrie und Astronomie/Astrologie) eingeteilt. Diese Einteilung ist wesentlich jünger als die alte Lehre der sieben Künste.

Ursprünglich, das heißt lange vor der Zeit der Hochkulturen in Ägypten und der Kelten, gab es, so wie ich es erfahren habe, drei verschiedene Wissenschaften, die in einer vierten Wissenschaft, der „Lehre der Erde" ihr Zentrum haben. Daraus sind in späteren Zeiten die sieben Künste hervorgegangen.

Es ist leicht zu erkennen, dass die Buchstaben die Grundlage der Grammatik, Rhetorik und Dialektik sind. Allen drei Künsten liegen das Wort und die Sprache zugrunde. Durch die Beschäftigung mit diesen Wissenschaften lernten die Schüler verschiedenste Aspekte der Buchstaben kennen.

Die Geheimnisse der Zahlen wurden durch die Musik, die Mathematik und die Geometrie vermittelt. Im Wort „Mathematik" finden wir Ma = Materie, The (Theos) = das Göttliche und mati = die Verbindung zwischen der Materie und dem Geist. Ein Mathematikus war bis Anfang des 20. Jahrhunderts noch jemand, der sich mit okkulten Wissenschaften beschäftigte. Geometrie heißt übersetzt das „Maß der Erde" (Goe = Erde, metri = Maß). Bei beiden erkennt man sofort die Verbindung zu den Zahlen.

In der Musik hört man den „Klang der Zahlen". Jeder Klang schwingt in einer bestimmten Frequenz und berührt uns im Inneren. Das Geheimnis der Zahlen liegt in der Lehre der Musik, der Harmonielehre, verborgen, wie ich es im vorherigen Kapitel beschrieben habe.

Die Buchstaben sind dem Element Feuer zugeordnet und die Zahlen dem Element Wasser. In der siebten Wissenschaft sind die Auswirkungen der Buchstaben und der Zahlen auf den Menschen enthalten. Astrologie, die königliche Wissenschaft, wurde noch im 19. Jahrhundert an Universitäten gelehrt, und die Bedeutung der Astronomie bestand lediglich darin, die Stellungen der Planeten und Sterne zu berechnen.

In allen Religionen wird durch das gesungene Wort die intensivste Verbindung zum Göttlichen hergestellt. Im Islam kennen wir den Gesang der Suren; die gregorianischen Choräle und die gesungenen Liturgien zählen im Christentum zum Zentrum der Rituale. Schamanische Heilgesänge, gesungene Mantren des Buddhismus oder das Bardentum im alten Europa –

immer ist dies die Verbindung zwischen den Buchstaben und den Zahlen.

Aus all dieser Weisheit entstanden die sieben freien Künste, für welche eines der wichtigsten Zentren in Chartres zu finden war. Einen Hinweis finden wir wieder an der Kathedrale, am Westportal. Jede der sieben freien Künste wird durch einen Meister oder eine Muse dargestellt. Schon durch den Haupteingang dieses Einweihungstempels werden wir auf die Wissenschaft der Buchstaben und Zahlen hingewiesen.

Noch viel deutlicher erkennen wir sie unter der Nordrose und unter der Südrose. In den jeweils fünf Längsfenstern werden die Geheimnisse der Buchstaben und Zahlen enthüllt.

Die Fenster der Zahlen

Das Nordfenster ist das Fenster der Zahlen und von links nach rechts sind folgende Personen dargestellt:

Melchisedek
David
Die Heilige Anna mit Maria im Arm
Salomon
Aaron

Unterhalb von Melchisedek ist Nebukadnezar
Unterhalb von David ist Saul
Unterhalb von Salomon ist Jeroboam
Unterhalb von Aaron ist der Pharao

Wenn man die alttestamentarischen Geschichten mit den Bildern vergleicht, kommt man auf einige sehr interessante Schlussfolgerungen.

König David ist vor allem bekannt als Meister der Musik. In den Geschichten wird erzählt, wie er König Saul durch sein Harfenspiel beruhigt hat. Unter König David befindet sich ein kleines Bild von König Saul.

König Salomon wurde vor allem durch seinen Tempel bekannt. Nur als Meister der Geometrie hat er ihn bauen können. Chartres selbst ist ein Tempel Salomons, der den Menschen dient. Unter König Salomon befindet sich eine Darstellung von König Jeroboam, der zwei goldene Kälber verehrt. In diesem Bild von König Jeroboam wird das Göttliche nicht im Inneren des Menschen und im Kosmos dargestellt, sondern in den goldenen Kälbern. Damit steht diese Darstellung von König Jeroboam in völligem Widerspruch zu der Lehre des Tempels Salomon, der gebaut wurde, damit der Mensch in sich selbst den göttlichen Funken findet.

Aaron war durch den von Gott gesegneten Stab im Besitz des Heiligen Maßes. Er weiß um die Bedeutung der Zahlen und ist der alte Meister der Mathematik. Im kleinen Bild darunter stürzt der Pharao mit den Truppen ins Meer. Von den Elementen entspricht die Wissenschaft der Zahlen dem Wasser. Durch das Meer zu gehen und nicht von den tiefsten Emotionen bewegt zu werden, spricht von hoher Meisterschaft.

Das vierte Bild ist eine Darstellung des Hohepriesters Melchisedek. Er hält einen Kelch, Symbol des Heiligen Grals. Ein Priester des Melchisedek steht immer mit der inneren Reinigung des Menschen in Verbindung. Unter Melchisedek findet sich ein Bild von Nebukadnezar, er symbolisiert die Angst.

In den Darstellungen der kleinen Bilder mit den alttestamentarischen Personen Nebukadnezar, Saul,

Jeroboam und dem Pharao finden wir immer die Aufgabe, welche uns gestellt wird, um den Qualitäten der Meister näherzukommen.

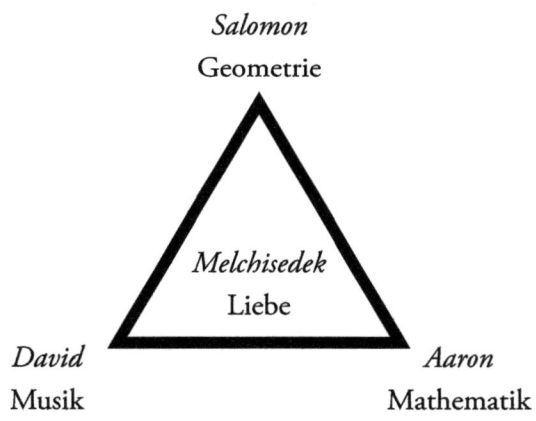

Abb. 16: Die sieben freien Künste und die Längsfenster am Nordportal

Am mittleren Bild sieht man eine Darstellung der Heiligen Anna als Schwarze Madonna. Die Schwarze Madonna ist ein Symbol des unendlichen Universums. Sie trägt eine Frau, auf diesem Bild Maria, in ihren Armen. So erkennt man, dass die Wissenschaft der

Zahlen auch die Lehre des Yin oder des Weiblichen ist, die ihren höchsten Ausdruck in der Liebe findet.

Unterschieden werden die drei Künste wieder durch eine weitere Einteilung in die Elemente. Die Gesetze der Mathematik entsprechen dem Feuer, und die Gefühle, welche durch die Musik im Menschen hervorgerufen werden, dem Wasser. Die Weisheit Salomons, die es ermöglicht, einen Tempel der Einweihung zu bauen, findet man im Element Luft. Ausdruck dieser drei Künste ist die Liebe, welche im Bewusstsein des Menschen durch das Element Erde erkennbar wird.

Den fünf Längsfenstern der Zahlen im Norden stehen die fünf Längsfenster der Buchstaben im Süden gegenüber. In jedem Fenster wird einer der vier Evangelisten von einem Propheten auf der Schulter getragen. Als Meister der Buchstaben haben sie die Weisheitslehre durch das Alte wie das Neue Testament den Menschen übermittelt.

Markus/ Daniel
Johannes/ Ezechiel
Maria mit Jesus
Matthäus/ Isaias
Lukas/ Jeremias

Die Zuordnung der Elemente ist sehr einfach, da die vier Evangelisten immer wieder als die vier Wesenheiten der Sphinx dargestellt werden. Lukas ist der Stier, das Element Erde, Matthäus ist der Mensch, das Element Wasser, Johannes ist der Adler, das Element Luft, und Markus ist der Löwe, das Element Feuer.

In der Grammatik finden wir die Gesetzmäßigkeiten der Sprache. Dieses Gesetz entspricht dem Element Feuer. Der Evangelist Markus wird immer als Löwe dargestellt, und wer, wenn nicht Meister Daniel, der selbst in der Löwengrube war, kann den Evangelisten Markus auf den Schultern tragen und damit die Grundlage seiner im Neuen Testament verkündeten Botschaft sein?

Die Visionen von Ezechiel entsprechen dem Element Luft, und er trägt den Evangelisten Johannes auf den Schultern. In der Dialektik finden wir die Weisheit der Rede und Gegenrede, das Für und Wider, Argumente des Tages und Argumente der Nacht. In der Sprache der Hermetik kann man sagen: „Die Gegenrede der Sprache des Wassers ist die Sprache des Feuers.". So kann die Dialektik nur dem Element Luft zugehören.

Jesaia trägt den Evangelisten Matthäus auf den Schultern. In der Kunst der Rhetorik fließt die Sprache wie ein Fluss aus dem Mund des Sprechers. So finden wir in dieser Kunst das Element Wasser.

Das Element Erde im Zentrum versinnbildlicht die höchste erfahrbare Ausdrucksform der Buchstaben für den Menschen. Es ist die Weisheit, die der Evangelist Lukas, getragen von Jeremias, repräsentiert. Über den Propheten Jeremia schreibt das Alte Testament:

Das sagte ich (Jeremia): „Ach, mein Gott und Herr, ich kann doch nicht reden, ich bin ja so jung." Aber der Herr erwiderte: „Sag nicht: Ich bin noch so jung. Wohin ich dich auch sende, dahin sollst du verkünden …". Dann streckte der Herr seine Hand aus, berührte meinen Mund und sagte zu mir: „Hiermit lege ich meine Worte in deinen Mund."

Allein dadurch erkennt man Jeremias als einen Meister der Sprache, der den Evangelisten Lukas auf der Schulter tragen kann und die Grundlage der Weisheit ist.

Immer wieder wird von der hohen Weisheit des Lukas berichtet und hier in der Kathedrale bestätigt. In den Legenden wird auch erzählt, dass er der Begründer der Ikonenmalerei war. Auch diese Geschichte passt nahtlos in den Vergleich der Zahlen mit den Buchstaben. Wenn der Klang ein Ausdruck der Zahlen ist, liegt ein Ausdruck der Buchstaben in der Farbe.

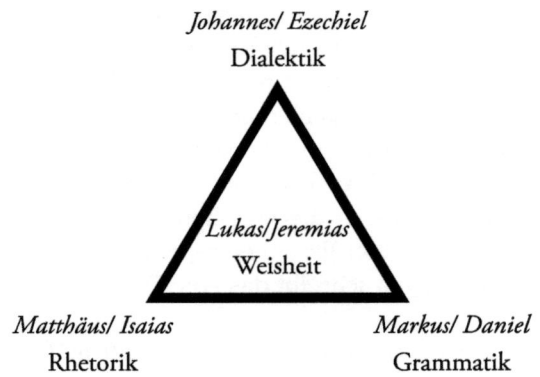

Johannes/ Ezechiel
Dialektik

Lukas/Jeremias
Weisheit

Matthäus/ Isaias
Rhetorik

Markus/ Daniel
Grammatik

Abb. 17: Die sieben freien Künste und die Längsfenster am Südportal

Wieder ist die Schwarze Madonna in der Mitte der fünf Längsfenster Sinnbild des Universums. Die Lehre der Buchstaben ist die Wissenschaft des Yang und der Männlichkeit. Deshalb trägt sie im Gegensatz zum Nordfenster hier einen Mann.

Diese Gegenüberstellung von Norden und Süden findet man vor allem in den Fensterrosen:

Nordrose

Im Zentrum trägt die Schwarze Madonna
das göttliche Kind

24 Darstellungen des weiblichen Prinzips

Südrose

Christus sitzt im hellsten Licht
auf einem Smaragdthron

24 Darstellungen des männlichen Prinzips

Aus dem Schoß der Jungfrau wird das göttliche Kind geboren und entwickelt sich in Verbindung mit dem weiblichen und dem männlichen Prinzip weiter.

Beide Rosen stellen einen gegensätzlichen Aspekt der Wahrheitssuche dar. Man könnte es so beschreiben, dass uns die weibliche Qualität des Universums durch die Nordrose und die männliche Qualität durch die Südrose berührt.

Es liegen große Geheimnisse in den Fensterrosen in Verbindung mit den Längsfenstern verborgen; einige davon habe ich hier beschrieben. Die einzelnen Farben,

155

die Hautfarbe der Propheten und die Farben der Gewänder haben alle einen tieferen Sinn. Genauso dient die Geometrie der einzelnen Fenster in den Rosen einem bestimmten Zweck. Im Inneren erfahren, und damit die kosmische Größe erkennen, kann man nur, wenn man sich Zeit nimmt und einfach einige Zeit vor einer Rose sitzt. Dann können die Fenster auf einen wirken.

Der Heilige Bernhard von Clairvaux schrieb einmal, dass die Kathedrale von Chartres ein Mittel sei. Was er damit meinte, ist ganz einfach. Die Kathedrale ist ein Mittel, durch das man in sich selbst beginnt, das Göttliche zu erkennen. Jesus hat uns dies in seinem Leben vorgelebt. Die Kathedrale dient den Menschen. Der Heilige Bernhard hat auch die Ordensregel der Tempelritter verfasst. Interessanterweise ist er heute vor allem durch seine Schriften und Predigten über die Jungfrau Maria bekannt. Der volle Namen des Templerordens lautete „Arme Ritterschaft Christi und des salomonischen Tempels zu Jerusalem".

Die quadratische Tafel der Ermächtigung lehrt uns, Schritt für Schritt selbst die Geheimnisse zu erfahren und damit umzugehen. Als Grundlage der Schöpfung sind sie zugleich die Grundlage der Schöpferkraft im Menschen. Wir erkennen Gott im Außen, in unseren Mitmenschen, in unserer Umwelt, in jeder Pflanze und jedem Tier, im ganzen Universum, und wir erkennen Gott in uns selbst.

Das Symbol des Priesters und des Meisters ist der Schlangenstab. Es ist symbolisch der Baum der Erkenntnis und des Lebens, um den sich die Schlange nach oben und nach unten ringelt. Dies ist ein Symbol des Voranschreitens der Zeit und der damit verbundenen Weiterentwicklung.

Mit dem Schlangenstab hält der Priester das Symbol der Weiterentwicklung der Menschheit in der Hand, es ist ein Symbol der Kraft und der Macht. Der sogenannte „Sündenfall" war kein Ereignis in der Vergangenheit, also der Zeit, so wie wir sie verstehen, sondern spiegelt unseren derzeitigen Zustand der inneren Entfernung von Gott wider und unsere Möglichkeit, durch den Weg der Wahrheitssuche diesen Abstand wieder aufzuheben.

Ursprünglich, also im eigentlichen Sinn, wird jeder Mensch nach dem Bild Gottes geschaffen. In jedem Augenblick, wo er über das Feuer frei verfügen kann – dies ist der jeweils freie Wille –, ist die Weiterentwicklung des Menschen nur über die Transformation, also wieder das Feuer, möglich. So wird verständlich, warum in den Mythen der Held, der den Menschen das Feuer bringt, von den Göttern mit den härtesten Strafen belegt wird. Der Mensch wird dadurch selbst zum Schöpfer seiner Wirklichkeit und zum Verwalter seiner durch die Transformation frei gewordenen Kraft. Deshalb ist die Schlange auch ein Symbol der Transformation.

DURCH RAUM UND ZEIT

Die rechteckige Tafel hängt unmittelbar mit unserem Verständnis von der Zeit im Bezug zum Raum, in dem wir leben, also mit der Erde, dem Mond, der Sonne und den Sternen, zusammen. Erst dadurch ist es möglich, das dritte Maß von Chartres zu verstehen.

In der ägyptischen Mythologie gibt es folgende Erzählung:

Die Göttin Nut vereinigte sich gegen den Willen ihres Vaters mit dem Gott Path. Zur Strafe für diesen Ungehorsam verfügte ihr Vater, dass die Göttin „in keinem Monat und in keinem Jahr niederkommen solle". Thot hatte Erbarmen mit Nut und gewann bei einem Brettspiel gegen die Mondgöttin den 72. Teil eines jeden Monats. Aus diesen Teilen fügte er nun fünf Tage zusammen, in denen die fünf Kinder Nuts auf die Erde kommen konnten. Ihre Namen sind Osiris, Haroeris, Seth, Nephthis und Isis. Seit damals gibt es bei den Ägyptern diese besonderen fünf Tage im Jahr.

Dieser 72. Teil eines Jahres hat fünf Tage. Im Glauben der Ägypter wurden nun genau an diesen fünf Tagen die fünf wichtigsten neuen Götter geboren.

Diese besonderen fünf Tage finden wir auch bei den Maya. Dort sind diese fünf Tage im Bewusstsein der

Maya-Priester fünf Tage der Besinnung am Ende des Jahres. Sie fallen in ihrer Besonderheit aus dem Kalender heraus.

Die Gruppe von Buchstaben, die sich von den anderen im Ogham-Alphabet abhebt, sind die fünf Selbstlaute. Und wirklich gibt es fünf besondere Tage im Jahr der Kelten und davor bei den eingeweihten der alten Meister, die mit diesen fünf Selbstlauten verbunden sind. Es sind dies die vier Jahreszeitenfeste und der geheime letzte Tag.

21. Dezember
Ailm – Winterbeginn
Geheimnis und Öffnung des neuen Bewusstseins, die Tage beginnen länger zu werden.

21. März
Onn – Frühlingsbeginn
Damit neues Leben wachsen kann, muss aus der Tiefe das Wasser an die Oberfläche kommen. Das Leben beginnt zu sprießen.

21. Juni
Ura – Sommerbeginn
Der Ogham des Lichts und der Liebe herrscht über den längsten Tag des Jahres.

23. September
Eadha – Herbstbeginn
Ab nun ist die Nacht länger als der Tag, es ist der Tag unserer Ahnen.

23. Dezember
Iodho – der geheime Tag
Dies ist der geheime Tag des Todes.

Diese fünf Tage sind in jeder Religion mit dem Wichtigsten der jeweiligen Lehre verbunden. Bei den Ägyptern mit den fünf Göttern der Einweihung, bei den Maya mit dem Heiligen Jahr und bei den Kelten mit den fünf Selbstlauten des Heiligen Alphabets.

Was ist nun so Besonderes an diesen fünf Tagen, wenn sie auf diese Weise von den großen Religionen hervorgehoben werden, und in welcher Form ist dies in die Kathedrale von Chartres eingeschrieben?

Unsere Erde braucht etwas mehr als 365 Tage um die Sonne. Damit bewegt sich die Erde in einem Jahr 365 Mal um sich selbst. Diese 365 Tage betreffen die Dimension der Zeit, wie wir sie erleben.

Raum	*Zeit*
Kreis zu 360 Grad	*360 Tage plus 5 Tage*

Die Erde bewegt sich immer in einer kreisförmigen Bahn um die Sonne und wie jeder Kreis oder jede Ellipse hat auch ihre Bahn genau 360 Grad.

Bei der Betrachtung dieser einfachen Rechnung, also des Unterschiedes der Tagesanzahl eines Sonnenjahres und der Zahl der Grade eines vollen Kreises, kommen wir genau auf die Differenz dieser fünf besonderen Tage. Um dieses Spannungsfeld des Lebens auf der Erde geht es.

Wenn sich im Raum der Kreis durch die 360 Grad schließt, finden wir in der Zeit die Differenz von fünf

Tagen. Bildlich gesprochen überschreiten wir jedes Jahr den vollen Kreis um fünf Tage. Das Symbol, welches nun entsteht, ist eine dreidimensionale Spirale, ähnlich einer Feder. Von oben oder unten betrachtet finden wir in der Dimension des Raumes einen vollen Kreis, von der Seite betrachtet eine Spirale, die sich in die Höhe schraubt. Es ist wieder das Bild der Schlange, die sich auf den Baum der Erkenntnis und des Lebens hinaufschlängelt.

Diese Differenz der fünf Tage und damit die Spannung hört erst dann auf zu existieren, wenn man sich selbst im Jetzt gefunden hat. Hier ist das Zentrum des Wirbelsturms, in der Mitte der Spirale, wo Ruhe herrscht und wo es windstill ist.

Diese Differenz zwischen den 360 Graden und dem Jahr können wir nur in uns selbst innerlich schließen. Und dies geht nur über einen Weg der Liebe, Weisheit und Macht. Diese Umwandlung, die uns im Lebensfluss hält, ist unsere innere Klarheit, die Wahrheit, für die wir leben, und das Mitgefühl, welches wir für andere empfinden können. Wieder sind es unsere Gedanken, unsere Gefühle und unser Wille, die die innere Verwandlung gleich einem alchemistischen Vorgang ermöglichen. Das ist die Lebensaufgabe eines jeden Menschen, und in einer anderen Form ist es uns Menschen nicht möglich, uns weiterzuentwickeln!

Wenn wir nun mit den Zahlen 365 und 360 eine einfache Rechnung durchführen, entdecken wir etwas ganz Besonderes:

365 durch 360 = 1,01388

365 dividiert durch 360 ergibt 1,01388 periodisch. Der Divisions- oder Multiplikationsfaktor von 1,0138 drückt in Zahlen die Differenz der fünf Tage aus. Diese Zahl ist bis auf eine Differenz von zwei Zehntausendstel identisch mit dem pythagoräischen Komma.

Wir kommen wieder auf das dritte Maß von Chartres und erkennen in ihm die Essenz der Einweihungslehren der Hochkulturen der Welt. Deutlicher als zuvor sehen wir, dass diese Zahl die Spannung zwischen Zeit und Raum ausdrückt.

LEONARDO DA VINCI UND DAS GEHEIMNIS DER DREI TAFELN VON CHARTRES

TEIL 4

Die Besonderheit des dritten Maßes von Chartres hat Leonardo da Vinci ungefähr 350 Jahre nach dem Bau der Kathedrale in seine Zeichnung eingeschrieben. Die Spannung zwischen Zeit und Raum liegt im Unterschied des Umfangs zwischen dem Quadrat des Feuers und dem Quadrat des Wassers. Früher habe ich erwähnt, dass hier die Verbindung zwischen den Elementen Feuer und Wasser verborgen liegt und diese Linie durch das Zentrum eines gleichschenkligen Kreuzes führt. Nun möchte ich dies erklären.

Wenn wir den Umfang aller drei Tafeln zusammenzählen und einmal das Quadrat des Wassers und ein zweites Mal das Quadrat des Feuers nehmen, trägt die Differenz das Geheimnis der Verbindungslinie durch das Zentrum des gleichschenkligen Kreuzes.

51,51 cm (Erde) +
53,60 cm (Feuer) +
53,40 cm (Luft) = 158,51 cm

51,51 cm (Erde) +
51,48 cm (Wasser) +
53,40 cm (Luft) = 156,39 cm

158,51 cm : 156,39 cm = 1,0136

Die Differenz zwischen dem Umfang der drei Tafeln, einmal mit dem großen und einmal mit dem kleinen Quadrat, ist wieder genau das pythagoräische Komma, die fünf besonderen Tage der Einweihungslehren oder, wie wir es bereits kennen, das dritte Maß von Chartres. Da es sich um Verhältnisse handelt, ist es egal, wie groß die Zeichnung ist, mit der man arbeitet.

Die Spannung zwischen dem Feuer und dem Wasser oder dem Mond- und dem Sonnenquadrat findet durch das dritte Maß ihre Erklärung. Dieses dritte Maß verbindet durch das Element Akasha im Zentrum des gleichschenkligen Kreuzes diese beiden gegensätzlichen Pole. Der einzige Ort, wo diese Spannung aufgelöst werden kann, verbirgt sich im Zentrum des Kreuzes. Für uns Menschen liegt hier ein Geheimnis der Wahrheitssuche verborgen. Aus diesem Zentrum wurden die Elemente geschaffen.

Der direkte Vergleich zwischen dem Umfang des Mohnquadrats und dem Umfang des Sonnenquadrats lässt uns erkennen, dass der Weg auch im Zentrum noch nicht zu Ende ist.

Mond   *51,48 cm x 1,0136 = 52,18 cm*

Sonne   *53,60 cm : 1,0136 = 52,88 cm*

52,18 cm x 1,0136 =52,88 cm
52,88 cm : 1,0136 =52,18 cm

Der Umfang des Mondquadrats multipliziert mit dem dritten Maß und der Umfang des Sonnenquadrats dividiert durch das dritte Maß hat wieder genau die Differenz des dritten Maßes. Wäre der Weg zu Ende, müssten beide Zahlen identisch sein. Doch auch hier liegt das Tor zu einem nächsten Universum, welches uns jetzt in unserer Vorstellung unerreichbar erscheint. Wieder kommen wir durch einen geometrischen und mathematischen Vergleich nur bis zu einer gewissen Grenze, wo die Ergebnisse in unser Inneres weisen.

Spätestens jetzt kann man erkennen, dass diese Zeichnung auf einen Einweihungsweg hinweist. Die alte Überlieferung war natürlich auch Leonardo da Vinci bekannt, und damals war es ihm nur möglich, das geheime Wissen über die Elemente, die Urqualitäten und die Gralstafeln in versteckter Weise weiterzugeben.

DIE VERSCHOBENE LÄNGSACHSE

Im Zentrum der rechteckigen Tafel, dort, wo ursprünglich der Bau der Kathedrale begonnen hat, ist ein Siebenstern eine der Grundlagen der Architektur. Die Verlängerungen der Strecke vom Zentrum über die Spitze des Sterns enden alle bei wichtigen Punkten in der Kathedrale. So wurde schon am Beginn der Bauarbeiten der Bezug zu den Richtungen der Säulen, der Seitenschiffe, der beiden Türme und vieler anderer Merkmale festgesetzt.

Der Siebenstern als geometrisches Muster hat eine Besonderheit. Ein voller Kreis, also 360 Grad, durch 7 dividiert ergibt 51,42 Grad. Diese Zahl ist einem Winkel sehr ähnlich, welchen wir wieder von der großen Pyramide kennen. Dort haben die Seitenwände einen Winkel, der meistens mit 51,51 Grad angegeben wird. Da heute der Kalksteinüberzug fehlt, ist eine genaue Bestimmung nicht möglich. Der Ähnlichkeiten nicht genug, entsteht, wenn man aus einem 13-knotigen Druidenseil ein gleichschenkliges Dreieck konstruiert, ein Seitenwinkel von 51,19 Grad.

Alle drei Winkelmaße, 51,51, 51,42 und 51,19 folgen einer Argumentation, die schlüssig nachvollziehbar ist.

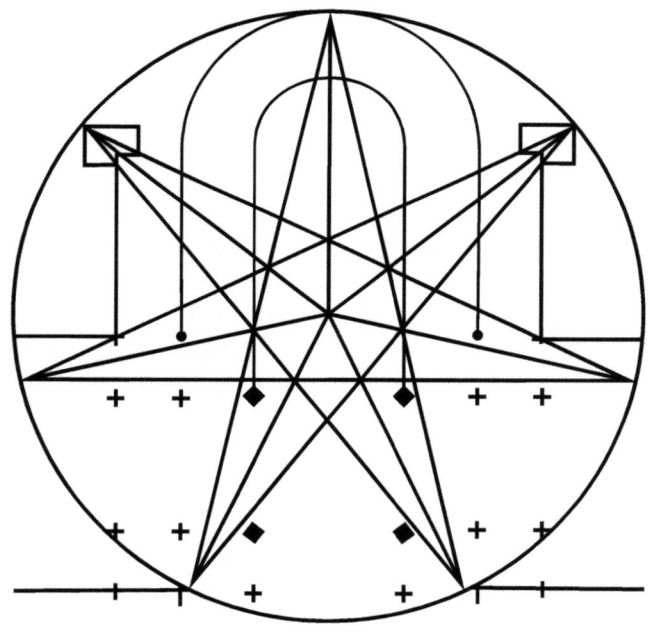

Abb. 18: Der Siebenstern als geometrische
Grundlage der Architektur der Kathedrale

Nun haben Sie eine Gemeinsamkeit, welche auf den
ersten Blick vielleicht nicht auffällt: Es ist ihre Nähe zur
Zahl 52! Für unser Verständnis könnte man sehr
vereinfacht sagen, dass die Zahlen 1 bis 13 durch alle

Qualitäten der vier Elemente erlebt werden. 4 mal 13 ergibt 52. Der Kreis der Entwicklung ist damit geschlossen. Wenn wir nun die Zahl 52 durch 1,0136 dividieren, kommen wir auf den Wert 51,30. Hier liegt das Geheimnis des Winkels der Pyramide von Gizeh, des 13-knotigen Druidenseiles und des Siebensterns verborgen.

52 : 1,0136 = 51,30

Die erwähnte Besonderheit der Winkel im Siebenstern in der Höhe des dritten Maßes finden wir in der Kathedrale. Die Achse des Sterns ist um etwa 1 Grad zur Längsachse der Kathedrale verschoben. Diese Differenz trägt in sich wieder das Geheimnis des dritten Maßes. Diese Verschiebung findet man genau im architektonischen Zentrum auf der rechteckigen Tafel.

Der Weg durch den Lettner von der quadratischen auf die rechteckige Tafel ist zugleich der Weg in die Gegenwart. Auch hier finden wir in der Architektur das dritte Maß, welches in uns die Brücke zur Liebe und Weisheit baut.

Der Lettner hat eine Breite von 3,5 Metern. Diesen muss man durchschreiten, bevor man die rechteckige Tafel betritt. Es ist wie eine Vorbereitung auf die dritte Gralstafel.

Jeder, der sich ernsthaft auf den Weg der Wahrheitssuche begibt, wird feststellen, dass viele Dinge im Leben in Bewegung kommen. Manchmal ist dieses Phänomen nicht sehr angenehm. Man kann sich das so vorstellen, dass durch die Bereitschaft, sein Leben der Suche nach Gott zu widmen, alle inneren Qualitäten, die von der Liebe, Weisheit und Macht entfernt sind,

Schritt für Schritt transformiert werden. Dies verändert
sehr viel im Leben eines Menschen.

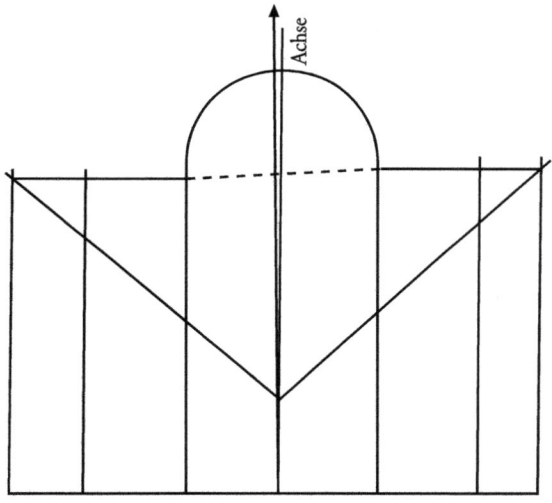

Abb. 19: Die verschobene Längsachse der
Kathedrale

Obwohl der Suchende erst jetzt den Weg durch den
Lettner geht, beginnt die Reibung unseres gelebten
Lebens mit der notwendigen Reinigung auf der runden
Tafel. Die runde Tafel ist der Spiegel unseres Weges auf
der Erde, im Spannungsfeld zwischen Raum und Zeit.
Das Labyrinth begleitet uns im gleichen Maße auf der

quadratischen Tafel, in Verbindung mit der Sonnen- und der Mondpyramide.

Erst jetzt, im Übergang auf die rechteckige Tafel, beginnen sich diese Spannungen zwischen Raum und Zeit zu lösen, damit der Meister sich im Jetzt erkennt. Eine einfache Rechnung lässt uns erkennen, in welcher Form das dritte Maß in die drei Tafeln der großen Kathedrale eingeschrieben ist.

$$260 \ m : 1{,}0136 = 256{,}51 \ m$$

$$260 \ m - 256{,}51 \ m = 3{,}49 \ m$$

Die Länge des Labyrinths, 260 Meter, dividiert durch das dritte Maß, ergibt 256,51 Meter. Die Differenz dieser beiden Zahlen ist 3,49 Meter. Bis auf einen Zentimeter ist es genau die Breite des Lettners. Diese Ungenauigkeit liegt an der Frequenzbreite des dritten Maßes. Genau der Lettner ist der Ort, welcher die Spannung zwischen dem Raum und der Zeit anzeigt.

So finden wir die Verbindung zwischen den drei Tafeln. Die runde Tafel trägt in sich die Spannung zwischen dem Raum und der Zeit, welche durch den Lettner ausgedrückt wird. Die Verbindung erkennt man durch das dritte Maß. Die quadratische und die rechteckige Tafel werden durch den Lettner in einer Weise verbunden, dass man einerseits erkennt, dass die Raum-Zeit-Spannung auf der quadratischen Tafel noch gültig und durch den Weg zur rechteckigen Tafel aufgelöst wird.

Die Gesamtlänge der Kathedrale ist 130 Meter. Auch wenn dieses Maß leicht variieren kann, es hängt davon ab, wo genau man zu messen beginnt, geht es unabhängig von der Maßeinheit (Meter oder Zoll) um die Verhältnismäßigkeit zur Länge des Labyrinths. Diese 130 Meter mal 2 ergeben wieder 260 Meter, die Länge des Labyrinths. Auch hier ergibt die Rechnung das dritte Maß von Chartres. Durch den Vergleich mit dem Sonnenjahr erkennt man nun das Geheimnis, welches in die Kathedrale eingeschrieben ist, genau:

260 (Zeit, Zahlen, 365 Tage) :
256,5 (Raum, Buchstaben, 360 Grad) =
1,0136 – 1,0138 (Spannung zwischen Raum und Zeit)

Diese Zahl ist natürlich wieder identisch mit dem pythagoräischen Komma und trägt auch die gleiche Bedeutung in sich. Im vorherigen Kapitel haben wir diese Zahl im Kalender erkannt. Im Vergleich mit der Harmonielehre kommt man durch die Differenz des Lettners auf die wahre Schwingung der 13. Zahl, die ja um einen Multiplikationsfaktor von 1,0136 von der Grundschwingung abweicht.

Nun sind meine Ausführungen über das dritte Maß von Chartres zu Ende. Es trägt in den Erklärungen einen Schlüssel für den Aufstieg in ein Bewusstsein im Jetzt.

Der Heilige Gral trägt in sich das Geheimnis der Zeitlosigkeit, in ihm gibt es die Spannung zwischen Zeit und Raum nicht mehr.

Drei Tafeln tragen den Heiligen Gral, eine ist rund, eine quadratisch und eine rechteckig. Der Gral liegt im Menschen selbst verborgen. Die Spannung zwischen Raum und Zeit ist als Wegweiser zu Gott eingeschrieben in das Herz der Menschen, und zugleich findet man auch die Lösung dieses kosmischen Geheimnisses nur im Menschen selbst.

EINGESCHRIEBEN IN DAS HERZ
DES MENSCHEN

Welcher Ort ist der Mittelpunkt in einem unendlichen Universum? Es ist nicht die Sonne, nicht das Zentrum unserer Galaxie, der Milchstraße, sondern jeder einzelne Punkt ist der Mittelpunkt! Dort wo Sie sind, werte Leser, ist der Mittelpunkt des Universums.

Wann ist der mittlere Zeitpunkt einer unendlichen Zeitspanne? Auch Mitternacht zeigt die Mitte der Nacht an. Wieder ist es genau der Zeitpunkt, wenn Sie, liebe Leser, diese Zeilen lesen. Es ist immer der Zeitpunkt der Gegenwart und des Jetzt.

Die Unendlichkeit der Zeit endet in der Gegenwart und die Unendlichkeit des Raumes zugleich im Größten wie im Kleinsten. Würde man dieses Bewusstsein leben, hätte man die Spannung von Zeit und Raum in sich aufgelöst. Man schwimmt nicht mehr mitten im Lebensfluss und lässt sich von den Wellen bewegen, sondern man schwebt über dem Fluss und erkennt durch diese Sicht von oben den Weg des Lebens und der Veränderung.

Würde jemand auf der rechteckigen Tafel stehen und diese Einweihung in der Gesamtheit erfahren, hätte dieser Mensch, wie Galahad, den Heiligen Gral, die symbolische innere Reinheit für die weitere Entwicklung zum Sohn Gottes, gefunden.

Das architektonische Zentrum, das Zentrum des Raumes und der Zeit der rechteckigen Tafel, liegt etwas hinter der ersten Säule nach dem Lettner. Dort ist der Mittelpunkt des Siebensterns, und dort haben die Meister begonnen, die Kathedrale zu bauen.

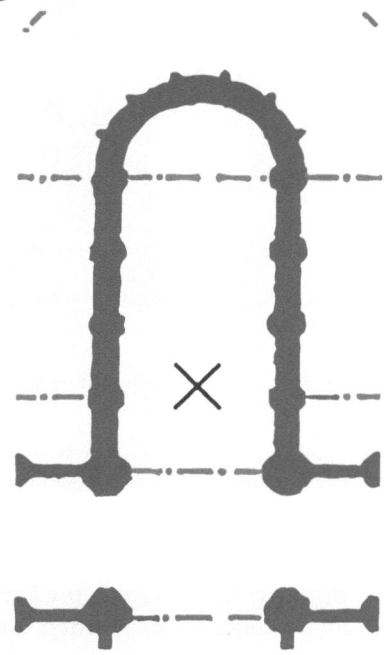

Abb. 20: Das geometrische Zentrum der Kathedrale

Es gibt einen zweiten Platz, der immer wieder genannt wird. Genau in der Mitte auf der Höhe der dritten Säule sollen unterirdisch 14 künstlich gelegte Wasserläufe zusammenfließen.

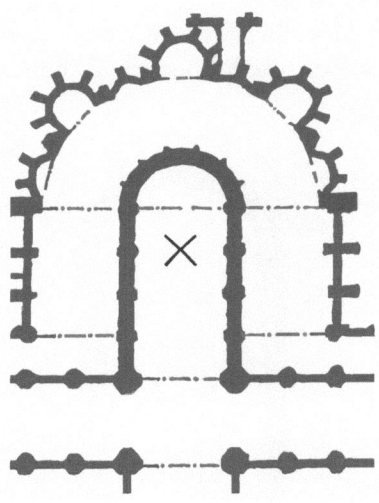

Abb. 21: Das Zentrum über den 14 Quellen auf
der rechteckigen Tafel

Diese Form der angelegten Quellen ist identisch mit Santiago di Compostella. Dort wurden sie leider bei Bauarbeiten zwischen 1948 und 1968 zerstört. Heute fließt dort kein Wasser mehr, und doch hat man festgestellt, dass die Kanäle durch Menschenhand errichtet wurden.

Beide Orte auf der rechteckigen Tafel tragen hohe Qualitäten, und jeder mag selbst für sich entscheiden, welcher Platz ihn ruft.

Wenn wir in der ganzen Kathedrale unzählige Bilder und Statuen von geistigen Wesenheiten, Meisterinnen und Meistern, Engeln und Erzengeln entdecken, finden wir auf der rechteckigen Tafel im Chor kein Bild wie auch keine Statue mehr. (Die große Marienskulptur stammt aus einer viel späteren Zeit.) Die geliebten geistigen Begleiter bleiben zurück, wenn der Meister oder König durch den Lettner auf die rechteckige Tafel in seinen Raum tritt. Irgendwann in der Entwicklung eines Menschen ist es Zeit, auch von ihnen Abschied zu nehmen, so schwer wie es einem auch fallen mag.

Die Fensterrosen, die Längsfenster, die Portale und die Statuen erzählen die Entwicklung auf der runden und auf der quadratischen Tafel. Es ist zugleich der Weg der Wahrheitssuche eines jeden Menschen in Begleitung mit den geistigen Mächten und Kräften des Universums.

Auf der rechteckigen Tafel ist der Mensch allein. Es ist genau so, wie die alten Legenden von Chartres es beschreiben. Dort ist es möglich, dass die Voraussetzungen geschaffen werden, dass der Mensch irgendwann jungfräulich geboren werden kann. Die Menschen haben ihn erkannt und darauf stets den Tempel der Einweihung gebaut, der dem jeweiligen Zeitalter entsprach.

Die Adepten der Templer haben unter dem Tempel von Jerusalem die Einweihungslehre Ägyptens gefunden. Josef, Abraham, Moses, David, Salomon und später Jesus haben durch ihre Verbindung das alte Wissen weitergetragen. Die Kathedrale wurde aufgrund der gleichen Gesetze gebaut wie die große Pyramide von Ägypten. Es ist eine Weiterführung der alten Einweihungslehre in Europa.

So liegt im und auf dem Hügel von Chartres die Verbindung der Weisheit des Nordens und des Südens. Bildlich gesprochen, haben sich die Priester Ägyptens mit den Druiden der Kelten getroffen und einen Tempel für die Neuzeit gebaut.

Die rechteckige Tafel entspricht dem kosmischen Bewusstsein, dem Nirvi-Kalpa-Samadhi, wie es in Indien genannt wird. Damit hat man die Grenze der möglichen Entwicklung in Verbindung mit diesem Tempel der Einweihung erreicht. Die innere Substanz der Seele korrespondiert symbolisch mit der Substanz des Blutes des Heiligen Grals. In den allermeisten Religionen findet man hierzu die jeweiligen Entsprechungen. Dieses Bewusstsein gilt heute als das höchste mögliche Bewusstsein, welches ein Mensch erlangen kann.

Die Kathedrale von Chartres und die Einweihungslehren der Welt betreffend existiert eine Ordnung, die sich auf das existierende Universum bezieht. Man kann sie als Ordnung der äußeren Hierarchie beschreiben. Sie betrifft die hermetischen Wissenschaften ebenso wie die östlichen und westlichen Einweihungslehren und Religionen. Es findet sich in der höchsten Ausdehnung des Raums im Kosmos ein im Menschen entsprechendes Bewusstsein.

Nur die wenigsten Menschen wissen, dass alle diese Entwicklungsstufen bis einschließlich des kosmischen Bewusstseins nur einen kleinen Teil der möglichen Entwicklung des Menschen beschreiben. Es gibt über der sogenannten kosmischen Bewusstseinsebene höhere Ebenen. Diese können jedoch nicht mit den fünf Elementen erklärt werden. Hier existiert eine höhere Ordnung der freien Elemente und der freien Zeichen.

Gleichnishaft kann man es so beschreiben, dass die äußere Hierarchie ein Teil der Erkenntnis des göttlichen Vaters ist. Wer sich in diesem Sinne entwickelt, wird Teil der Erkenntnis.

Die innere Hierarchie hingegen definiert sich nicht über die Erkenntnis des Alls, sondern über den Schöpfer des Alls selbst. Das ist die Lehre und der Weg der Söhne Gottes. Diese gesamte Ordnung ist heute unbekannt, man findet sie nicht in der Kathedrale von Chartres und auch nicht in den Lehren der Welt. Damit beginnen die Lehre und der Weg des inneren Lichts.

In der kosmischen Bewusstseinsebene existiert unter anderem ein Durchgang in das innere Licht des Menschen. Es ist, als ob man im Innersten seines Herzens das göttliche Atom gefunden hat, weitergeht und plötzlich erkennt, dass sich innerhalb dieses kleinsten Atoms eine Tür zu einer schier endlosen Wirklichkeit des Lichts verbirgt.

Diese Ebenen findet man nicht mehr auf der Erde. Es gibt keinen Ort, wo man entsprechende Energien oder Kräfte erfahren könnte. Sie existieren über dem Kosmos und damit auch außerhalb der kosmischen Ordnung. Wir Menschen haben die Möglichkeit, dieses Licht in uns Wirklichkeit werden zu lassen.

Bibliografie:

Aivanhov, Omraam Mikhael, Weihnachten und Ostern in der Einweihungslehre. Prosveta Verlag, France, ISBN 2-85566-325-3

Bardon, Franz, Der Weg zum wahren Adepten. Verlag Dieter Rüggeberg, Wuppertal, ISBN 3-921338-30-1

Benedikt, Heinrich Elijah, Die Kabbala als jüdisch christlicher Einweihungsweg. Verlag Hermann Bauer, Freiburg im Breisgau, ISBN 3-7626-0756-7

Die Bibel, Die Bibel Einheitsübersetzung. Verlag Herder, Freiburg im Breisgau. ISBN 3-451-18988-7

Charpentier, Louis, Die Geheimnisse der Kathedrale von Chartres. Knaur Verlag, ISBN 3-426-87141-6

Derlon, Pierre, Die Gärten der Einweihung. Sphinx, Basel 1991

Evola, Julius, Das Mysterium des Grals. AAGW, H. Fritsch Verlag, 1995, D-76947 Sinzheim

Herausgeber, Texte: Miller, Malcolm, Die Kathedrale von Chartres - Bildband. Pitkin Unichrome, ISBN 0-85372-791-0

Székely, Dr. E. Bordeaux (Übers.), Die Schriften der Essener. Neue Erde, 2002, ISBN 3-89060-127-8,-128-6,-129-4,-130-8

Bücher von Kurt Walchensteiner:

Aus der Reihe: Die astrologische und kabbalistische Bedeutung der 78 Tarotkarten

Buch 1:

Die astrologische und kabbalistische

Bedeutung der 78 Tarotkarten –

Der Aufbau

ISBN: 978-3-7481-4242-3, 248 Seiten, Taschenbuch

Verlag: Books On Demand, 2018

Folgendes Wissen bergen die Tarotkarten: Die Tarotkarten sind die Prinzipien der Vollkommenheit des menschlichen Geistes. Ist diese Erklärung schon schwer zu begreifen, so wird man sich der Größe erst dann wirklich bewusst, wenn man sich vergegenwärtigt, dass der Geist des Menschen das Ebenbild Gottes ist. Die Schlussfolgerung ist so einfach wie unbeschreiblich. Das Tarot birgt den Schlüssel der Verwirklichung der Göttlichkeit im Menschen.

In diesem Buch beschreibt der Autor den Aufbau der 12 Merkmal der Göttlichkeit im Menschen und die 78

Prinzipien der Vollkommenheit des Geistes. Heute sind diese 78 Prinzipien des Geistes als Tarotkarten bekannt. Kurt Walchensteiner erklärt in diesem 1. Buch dieser Reihe den astrologischen und kabbalistischen Aufbau aller 78 Tafeln der Weisheit.

Buch 2

Die astrologische und kabbalistische

Bedeutung der 78 Tarotkarten –

Die großen Arkana

ISBN: 978-3-7481-4239-3, 192 Steiten, Taschenbuch

Verlag: Books On Demand, 2019

Jede Tarotkarte ist ein kosmischer Schlüssel in Richtung Vollkommenheit. Alle gemeinsam bilden die Struktur der Verwirklichung der Göttlichkeit im Menschen. Der Autor erklärt in diesem Buch umfassend die Bedeutung der 22 großen Arkana des Tarot für die Entwicklung des Geistes. Es gibt zu jeder Tarotkarte einen astrologischen und kabbalistischen Schlüssel. Diese Schlüssel enthüllen je einen Zugang zu einem höheren Bewusstsein einer jeden Tarotkarte.

Band 3

Die astrologische und kabbalistische

Bedeutung der 78 Tarotkarten –

Die kleinen Arkana

ISBN: 978-3-7481-2601-0, 256 Seiten, Taschenbuch

Verlag: Books On Demand, 2019

Die göttlichen Eigenschaften erkennt man in ihrer Wahrhaftigkeit in der gleichen Weise, wie man sie in sich selbst erkennt. Schrittweise nähert sich der Suchende also der All-Macht, All-Weisheit, All-Liebe und Unsterblichkeit.

Der Autor beschreibt in diesem Buch die jeweils 14 Merkmale der göttlichen Eigenschaften All-Macht, All-Weisheit, All-Liebe und Unsterblichkeit. Das ist die Bedeutung der 56 kleinen Arkana des Tarot. Die 14 Tarotkarten der Schwerter erklären die 14 Prinzipien der All-Macht. Gleiches gilt für die Tarotkarten der Stäbe in Verbindung mit der All-Weisheit, die Tarotkarten der Kelche in Bezug auf die All-Liebe und die Tarotkarten der Münzen für die göttliche Eigenschaft Unsterblichkeit. Kurt Walchensteiner offenbart in diesem Buch diese Bewusstseinszustände, welche die Grundlage dafür sind, die 4 göttlichen Eigenschaften in sich zu entwickeln.

Die astrologische und kabbalistische

Bedeutung der 78 Tarotkarten –

Gesamtausgabe

ISBN: 978-3-7504-2298-8, 672 Seiten, Hardcover

Verlag: Books On Demand, 2019

In dieser Gesamtausgabe findet der Leser das Werk, **Die astrologische und kabbalistische Bedeutung der 78 Tarotkarten,** der Taschenbuchausgaben, Band 1 bis 3, zusammengefasst.

Band 1, Der Aufbau

Band 2, Die großen Arkana

Band 3, Die kleinen Arkana

Das Geheimnis der Smaragd-

Tafel des Hermes Trismegistos

ISBN: 978-3-7460-1051-3, 284 Seiten, Hardcover

Verlag: Books On Demand, 2017

Die Smaragd-Tafel birgt das Geheimnis der Gesetze des Universums in sich. Sie enthüllt dem Suchenden einen hermetischen Weg der Befreiung.

182

In diesem Buch schlüsselt der Autor die drei Teile der universalen Weisheit für die Bildung des Lichtkörpers, auf. Er beschreibt die unterschiedlichen Schlüssel der vier Elemente und legt dar, in welcher Weise sie seit Beginn im Universum zusammenwirken. Der Leser erfährt die eigentliche Bedeutung des unsterblichen Geistes und der Kundalini und kann nachvollziehen, in welcher Weise sich beide im Lichtkörper vereinigen. Im alten Ägypten wurde der Lichtkörper Mer Ka Ba genannt. Der Autor übersetzt die Lehre des Mer Ka Ba, welche Hermes Trismegistos im Text der Smaragd-Tafel bewahrt hat, in die heutige Sprache.

Dieses Buch weiht den Leser in die wahre Bedeutung einer der geheimnisvollsten Schriften der Menschheit ein. Neben dem bekannten Analogiegesetz, das was, oben ist, ist wie das, was unten ist, enthält die Smaragd-Tafel je nach Betrachtung 15 bis 19 weitere universale Gesetze. Gleichzeitig ist das Buch eine wertvolle Orientierung in Verbindung mit der Suche nach einem geistigen Weg. Jedes Gesetz der Smaragd-Tafel beschreibt die Entwicklung der Seele und des Geistes des Menschen.

In diesem Werk führt der Autor alle Beschreibungen der Gesetze auf die Ursachen und Wirkungen der vier Elemente zurück. Auf diese Weise werden die drei Teile der Weisheit der Smaragd-Tafel auf die ihnen innewohnende Ordnung geöffnet, die dem Suchenden zugleich die Ordnung des Universums selbst näherbringt.

Aus der Reihe: Das Arkanum der Astrologie

Buch 1

Das Arkanum der Astrologie –

die Planeten

ISBN: 978-3-7347-7512-3, 208 Seiten, Taschenbuch

Verlag: Books On Demand, 2015

Das Buch "Das Arkanum der Astrologie – die Planeten" offenbart die der Astrologie zu Grunde liegenden metaphysikalischen Gesetze. Der Leser kommt in Verbindung mit der Lehre der Eingeweihten. Es enthüllen sich ihm die wahre Bedeutung der Planeten und die grundlegenden Gesetze der Schöpfung. Für jeden Wahrheitssuchenden ist dieses Buch eine Perle der Weisheit. Für den Astrologen bedeutet der Inhalt des Buches eine Einweihung in die Gesetzmäßigkeiten der Ursachen und Wirkungen der Planeten.

Buch 2

Das Arkanum der Astrologie –

die Tierkreiszeichen

ISBN-13: 9783738650211, 312 Seiten, Taschenbuch

Verlag: Books On Demand, 2015

Astrologie bedeutet das Wissen um die Einflüsse des Universums. Kurt Walchensteiner vermittelt in seinen Büchern das höchste den Menschen bisher zugängliche Wissen in der Astrologie. Er entschlüsselt die Enflüsse der Planeten und Tierkreiszeichen für die Bildung des Lichtkörpers. Es ist ein uraltes Wissen, welches die Meister der Vergangenheit nur einem kleinen Kreis von Schülern offenbart haben.

Buch 3

Das Arkanum der Astrologie –

die Häuser

ISBN: 978-3-7431-0114-2, 248 Seiten, Taschenbuch

Verlag: Books On Demand, 2016

Es gehört zu den großen Geheimnissen der Einweihungslehre, in welcher Weise die Seele und der Geist des Menschen in der grobstofflichen Materie gebunden sind. Im dritten Band der Reihe enthüllt Kurt Walchensteiner diese Mysterien. Er beschreibt die eigentliche Bedeutung der Häuser im Sinne der Einweihungslehre und der Hermetik. Einer der wesentlichen Schritte für eine Befreiung des Geistes ist das Wissen um die Bindung des Geistes.

Buch 4

Das Arkanum der Astrologie –

die Aspekte

ISBN: 9783743191563, 344 Seiten, Taschenbuch

Verlag: Books On Demand, 2017

Im vierten Band dieser Reihe offenbart Kurt
Walchensteiner die Gesetzmäßigkeiten der
astrologischen Aspekte. Dieses Wissen eröffnet dem
Leser eine völlig neue Sichtweise der Kräfte und Mächte
des Sonnensystems und des Lebens auf der Erde. Die
Erde ist eine Schule der seelisch-geistigen Entwicklung
und die Aspekte definieren die Aufgaben. Wer die
planetaren Schlüssel der Meisterung der Aspekte kennt,
bekommt einen Zugang zu den innersten Geheimnissen
der astrologischen Gesetze. Auch dieses Wissen wurde
vorher nicht veröffentlicht und ist der heutigen
Astrologie völlig unbekannt.

Das Arkanum der Astrologie

Gesamtausgabe

ISBN: 978-3-7460-2891-0, 700 Seiten, Hardcover

Verlag: Books On Demand, 2016

In diesem Werk, Das Arkanum der Astrologie, wird der Leser in die Gesetzmäßigkeiten der Astrologie eingeweiht. Jeder nach Wahrheit Strebende erfährt die geistige und die sich daraus ergebende physische Ordnung des Sonnensystems und die Einbindung des Menschen in das Universum. Die in diesem Buch offenbarten astrologischen Gesetze erklären und bilden die Verbindung zwischen dem Makrokosmos Universum und dem Mikrokosmos Mensch. Der Leser erfährt die ursächliche Bedeutung unseres Sonnensystems als Struktur für den Weg des Aufstiegs des Geistes.

Dieses Wissen hat seinen Ursprung im alten Ägypten. Die Astrologie ist eine Wissenschaft der Hermetik und wurde von Hermes Trismegistos begründet. Dieses Buch erklärt die Astrologie als Wissenschaft der geistigen Entwicklung. Es offenbart dem Leser eine seit Tausenden Jahren verschollene Bedeutung der Astrologie als Einweihungslehre. Als Grundlage aller geistigen Beschäftigung, erklärt sie den Aufbau unseres planetaren Systems. Im Zentrum unseres Systems steht die Sonne als Ausdruck der Schöpfungsgesetze. Sie ist

die physische Verwirklichung Gottes und für uns
Menschen birgt sie im Aufstieg durch die Sphären die
Verbindung zu Gott.

In dieser Gesamtausgabe findet der Leser das Werk, Das
Arkanum der Astrologie, der Taschenbuchausgaben,
Buch 1 bis 4, zusammengefasst.

Band 1, Die Planeten
Band 2, Die Tierkreiszeichen
Band 3, Die Häuser
Band 4, Die Aspekte

Botschaften und Weisheiten

von Wesenheiten der kosmischen

Hierarchien

ISBN: 978-3-8370-4443-0, 236 Seiten, Hardcover

Verlag: Books On Demand, 2016

Dieses Buch ist in Verbindung mit 100 Intelligenzen, Ur-
Intelligenzen, Vorstehern und Genien geschrieben
worden. Sie sind die geistigen Wesenheiten der
kosmischen Hierarchien. Jedes Kapitel birgt die
Botschaft und Weisheit einer Intelligenz in sich. Sie alle
erklären die Einbindung des Menschen in den Kosmos.

Die Macht, die Liebe und die Weisheit, welche zu erfahren und zu verinnerlichen dem Menschen möglich ist, ist unbeschreiblich. In Verbindung mit einer Intelligenz zu kommen bedeutet, einen Blick in die Werkstatt der Göttlichen Vorsehung zu werfen. Plötzlich erkennt man, warum dieser Lebensbereich so geordnet ist, wie er es ist. Die Erfahrung einer Weisheit gleicht einer Durchlichtung der Seele und des Geistes.

Kurt Walchensteiner beschreibt in diesem Buch das Wirken vieler Intelligenzen und Genien der Erdgürtelzone, der Mondsphäre und der Merkursphäre.

Bücher über Kurt Walchensteiner

(Kurt Walchensteiner ist der weltliche Name

von Meister Michael)

Martina Maier

Mein Weg mit Meister Michael

ISBN: 978-3-7448-5452-1, 172 Seiten, Paperback

Verlag: Books On Demand, 2017

Dieses Buch ist die Geschichte einer Frau, die sich mitten im Leben stehend für einen geistigen Weg entschieden hat. Es ist die Beschreibung eines Weges individueller Entwicklung, der fest im Alltag verankert dessen Sinngebung ist und die Verinnerlichung universeller Schöpfungsgesetze zum Ziel hat. Und es ist das Zeugnis einer Lehrer-Schüler-Beziehung, die in großer Freiheit und Unabhängigkeit gelebt diesen Weg geistiger Vervollkommnung überhaupt erst ermöglicht.

Martina Maier (*1976) ist studierte Volkswirtin und Heilpraktikerin für Psychotherapie. Sie arbeitet als freiberufliche Unternehmensberaterin in München. Ihr Weg der Entwicklung begann vor 13 Jahren. Seit 2008 kennt und folgt sie ihrem Lehrer Meister Michael, der mit weltlichem Namen Kurt Walchensteiner heißt.

Petra Lucke

Als mir mein geliebter

Meister erschien

ISBN: 978-3-7448-0985-6, 200 Seiten, Hardcover

Verlag: Books On Demand, 2017

In ihrer spirituellen Biografie erzählt die Autorin von ihrer lebenslangen intensiven Suche nach einem wahrhaftigen Meister, der um die geheimnisvollen Dinge zwischen Himmel und Erde weiß. Nach einer Reihe von bedeutungsvollen und mystischen Erlebnissen trifft sie einen faszinierenden Mann mit wundersamen Fähigkeiten. Eine Begegnung, die ihr Weltbild komplett auf den Kopf stellt und ihr Leben tiefgreifend verändert.

Eine wahre Geschichte, die Mut macht, den eigenen geistigen Weg zu gehen, sich für höhere Wahrheiten zu öffnen und den Sinn des Lebens zu entdecken.

Petra Lucke, geboren 1967 in München, ist autorisierte Tai-Chi-Lehrerin und Heilpraktikerin für Psychotherapie. Seit einigen Jahren ist sie in der IT-Branche tätig.